UMSCHAU

Lily Grynstock   Petra Schmidt

EINE KULINARISCHE ENTDECKUNGSREISE

# Wald- und Weinviertel
## und Wiener Alpen

**UMSCHAU**

WEIZENFELD BEI FÜRTH

# INHALT

| | |
|---|---|
| *10* | KARTE |
| *15* | VORWORT |

| | | | |
|---|---|---|---|
| *18* | GEHEIMNISVOLLES WALDVIERTEL | *90* | URSIN HAUS VINOTHEK & TOURISMUSSERVICE |
| *22* | SCHLOSS PÖGGSTALL | *92* | COBANESHOF |
| *24* | WIA Z'HAUS KALKOFEN | *94* | GASTHAUS GUTMANN ZUR SCHÖNEN AUSSICHT |
| *26* | GASTHOF PENSION ANGERHOF | | |
| *28* | GASTHOF ZUM KIRCHENWIRT | | REZEPTE WALDVIERTEL |
| *30* | PFARRHOFBRAUEREI | *96* | PÖGGSTALLER HIMBEER-MOHNTORTE |
| *32* | BÄRENHOF KOLM | *97* | TRADITIONELLES BLUNZ´NGRÖSTL |
| *36* | WALDVIERTLER MOHNHOF | *97* | WALDVIERTLER KARPFEN IN MOHNPANIER |
| *38* | CAFÉ-KONDITOREI EINSIEDL | *98* | REHFILET MIT HONIGKRUSTE, THYMIAN-SAFTERL UND ROTKRAUTSTRUDEL |
| *40* | MONIKA'S DORFWIRTSHAUS | | |
| *42* | MOHNWIRT NEUWIESINGER | *99* | GEEISTE SCHÖNBACHER BIERGWÖLB SCHNITTE |
| *44* | GASTHAUS – FLEISCHEREI HIRSCH | | |
| *46* | GASTHOF HINTERLECHNER | *100* | AUSGELÖSTE BIOSCHWEINSRIPPERL MIT KNUSPRIGEN CALAMARI UND PETERSILWURZELCREME |
| *48* | GESELLIGES WALDVIERTEL | | |
| *52* | LANDGASTHAUS HAUDE | | |
| *54* | STADTHALLENRESTAURANT SCHREMS | *101* | BANANENSCHNITTEN |
| *56* | KAFFEE KONDITOREI KAINZ | *102* | WALDVIERTLER MOHNZELTEN |
| *58* | RASTHOF STEFANIE | *102* | RINDSBRATEN |
| *60* | KASSES BÄCKEREI | *103* | MOHNKNÖDEL MIT HOLLERKOCH |
| *62* | RESTAURANT K 12 | *103* | KARPFENFILETS MIT ZWIEBELN UND KNOBLAUCH |
| *64* | NØRDERD GMBH | | |
| *68* | WIAZ'HAUS KERN | *104* | MIT GRÜNEM SPARGEL GEFÜLLTE HÜHNERBRUST IM SPECKMANTEL UND KRÄUTER-RAHM-SPÄTZLE |
| *70* | GASTHAUS JOSEF KLANG | | |
| *72* | KLANG KNÖDEL | | |
| *74* | DER ZUCKERBÄCKER | *105* | MALZBIER-SCHWEINERÜCKEN MIT ERDÄPFELKNÖDEL UND BIERKRAUT |
| *76* | DAS DORFTREFF | | |
| *78* | HOTEL SCHWARZ ALM | *106* | WALDVIERTLER MOHNNUDELN MIT MARILLENEIS |
| *80* | SONNENTOR | | |
| *84* | GASTHOF GAMERITH | *106* | ROGGENVOLLKORNBROT |
| *86* | GASTHOF SCHINDLER | *107* | MOHNHEIDELBEERSTRUDEL |
| *88* | ZUM FIAKERWIRT | | |

# INHALT

| | |
|---|---|
| *107* | TAFELSPITZ MIT BEILAGEN |
| *108* | BEEF TATAR |
| *108* | NØRDERD BASILTINI |
| *109* | WIENER ZWIEBELROSTBRATEN MIT BRATKARTOFFELN |
| *109* | ECHSI-PFANDL |
| *110* | SELCHFLEISCHKNÖDEL AUF PFEFFERSAUCE |
| *110* | SAFTIGER MOHNGUGLHUPF |
| *111* | WALDVIERTLER KALBSFILET IM WIESENHEU MIT ERDÄPFEL-BÄRLAUCHSTRUDEL |
| *112* | WALDVIERTLER REINDL |
| *112* | WILDSCHWEINSTEAK MIT STEINPILZSAUCE |
| *113* | REHRÜCKEN VOM MAIBOCK MIT MOHNHAUBE, KNÖDELROULADE, SPECKFISOLEN UND ZWIEBELMARMELADE |
| *114* | EINGEBRANNTE ERDÄPFEL MIT SCHWEINSLUNGENBRATEN UND ESSIGKAPERN |
| *114* | MOHNSCHMARREN |
| *115* | SCHWEINSKARREESTEAK VOM DONAU-LANDSCHWEIN MIT ERDÄPFEL-GEMÜSE-GRÖSTL UND HAUSGEMACHTER PAPRIKAMARMELADE |
| *118* | **FARBIGES WEINVIERTEL** |
| *122* | FLORIANIHOF |
| *124* | GUT OBERSTOCKSTALL |
| *126* | GASTHAUS AMSTÄTTER |
| *128* | GASTHOF ZUM WEISSEN RÖSSEL |
| *130* | HOTEL-RESTAURANT DREI KÖNIGSHOF |
| *134* | GOLDENES BRÜNDL |
| *136* | GASTHAUS ZUM GOLDENEN ENGEL |
| *138* | GASTHAUS AN DER KREUZUNG |
| *140* | HOTEL ALTHOF |
| *142* | SCHLOSSKELLER MAILBERG |
| *144* | **FESTLICHES WEINVIERTEL** |
| *148* | GASTHAUS ZEINER |
| *150* | ADLERBRÄU |
| *152* | STEINER'S ANNENHEIM CAFÉ-RESTAURANT |
| *154* | RESTAURANT DIESNER |
| *156* | GASTWIRTSCHAFT NEUNLÄUF |
| *160* | KOTÁNYI |
| *162* | SCHURLWIRT |
| *164* | GASTHOF SCHEITERER |
| *166* | GASTHOF LIST |
| *168* | GASTHAUS ZUM SCHAUHUBER |
| | **REZEPTE WEINVIERTEL** |
| *170* | ROSA GEBRATENES SCHWEINSFILET IM SPECKHEMD AUF EIERSCHWAMMERL À LA CREME MIT KRÄUTERTALERN |
| *170* | BRATHENDERL MIT SEMMELFÜLLE |
| *171* | HERRENGULASCH |
| *171* | TOPFENNOCKERL |
| *172* | ROSA REHRÜCKEN MIT PETERSIL-WURZELPÜREE, EIERSCHWAMMERL UND MARILLEN |
| *173* | FILET VOM WEINVIERTLER STROHSCHWEIN MIT STEINPILZEN UND CREME-POLENTA |
| *174* | FORELLENFILETS MIT KOHLRABIRAGOUT |

| | | | |
|---|---|---|---|
| 176 | WEINVIERTLER GRAMMELERDÄPFEL-ROULADE AUF PAPRIKA-CHILIKRAUT | 198 | RESTAURANT HEURIGER SCHALEK |
| 177 | GEDÜNSTETE KALBSVÖGERL MIT STEINPILZ-ERDÄPFELTALERN UND GEWÜRZ-MARILLEN | 200 | WEINGUT JOHANNESHOF REINISCH & HEURIGENRESTAURANT |
| | | 202 | WEINGUT G&M SCHAGL |
| | | 206 | GASTHOF PRANDL |
| 178 | REHRÜCKEN MIT MANGOLD, TIROLER PREISELBEEREN UND GRIESSROULADEN | 208 | BLOCKHAUSHEURIGER |
| | | 210 | RAMSWIRT PICHLER |
| | | 212 | GRANDHOTEL PANHANS |
| 179 | GEGRILLTE TERIYAKIRIPPERL | 218 | ENZIANHÜTTE |
| 179 | GEFÜLLTE ROULADE VOM ERNSTBRUNNER JUNGWEIDERIND | | |

## REZEPTE WIENER VORALPEN

| | | | |
|---|---|---|---|
| 180 | REHRÜCKENFILET AUF HAUSGEMACHTEM ROTKRAUT UND SERVIETTENKNÖDEL | 220 | GEFÜLLTES PERLHUHN MIT ARTISCHOCKEN-COCKTAIL-PARADEISER-GRÖSTL |
| 181 | SCHWEINEFILET AN GERÖSTETEN EIERSCHWAMMERLN UND KARTOFFELTÖRTCHEN | 220 | SALZBURGER NOCKERLN |
| | | 221 | HAUSSULZ MIT ROTER ZWIEBEL UND KERNÖL |
| 182 | GEFÜLLTE HÜHNERBRUST AUF EIERSCHWAMMERL-LAUCHGEMÜSE | 221 | MOHN-HIMBEER-SCHNITTE |
| 182 | LACHSFILET AUF KÜRBIS-PAPRIKAGEMÜSE MIT ROSMARINERDÄPFELN UND GEBRATENEN SPECKSCHEIBEN | 222 | SAUERRAHMRÖLLCHEN MIT MARINIERTEM GURKENTATAR UND KALT GERÄUCHERTEM SAIBLINGSFILET |
| | | 223 | ENZIANTORTE |
| 183 | SCHWEINSFILETSPIESS | 224 | CORDON BLEU VOM LAMM |
| 184 | SPARGELRÖLLCHEN MIT PETERSILKARTOFFELN | 224 | BEEF TATAR VOM SCHNEEBERGRIND |
| | | 225 | FLÜSSIGES GEWÜRZ-SCHOKOTÖRTCHEN |
| 184 | KARPFEN AUF SERBISCHE ART | 225 | APFELMOSTTASCHERL |
| 185 | GESCHMORTE SCHWEINSBACKERLN MIT MARCHFELDSPARGEL UND ERBSENPÜREE | | |
| | | 228 | ADRESSVERZEICHNIS |
| | | 234 | REZEPTVERZEICHNIS |
| 188 | VIELFÄLTIGE WIENER VORALPEN | 240 | IMPRESSUM |
| 192 | FREIGUT THALLERN | | |
| 194 | KLOSTERGASTHAUS THALLERN | | |
| 196 | 3ER HAUS GUMPOLDSKIRCHEN | | |

RITTERSPORN AM FELDRAND BEI ZÖBING

# KARTE

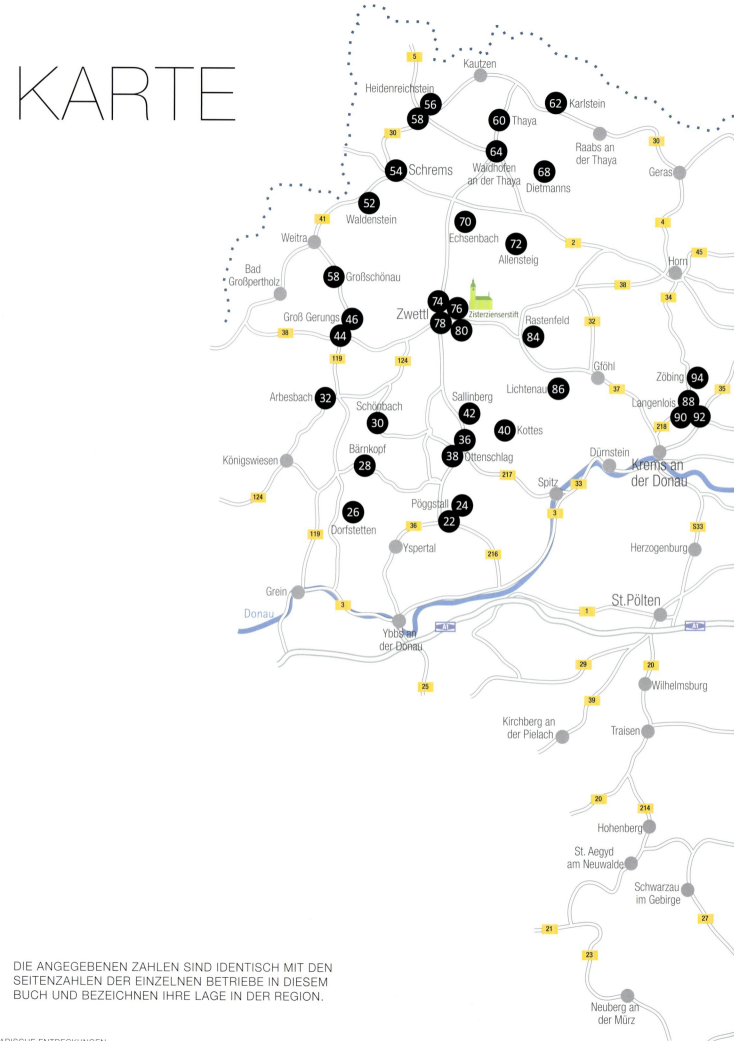

DIE ANGEGEBENEN ZAHLEN SIND IDENTISCH MIT DEN SEITENZAHLEN DER EINZELNEN BETRIEBE IN DIESEM BUCH UND BEZEICHNEN IHRE LAGE IN DER REGION.

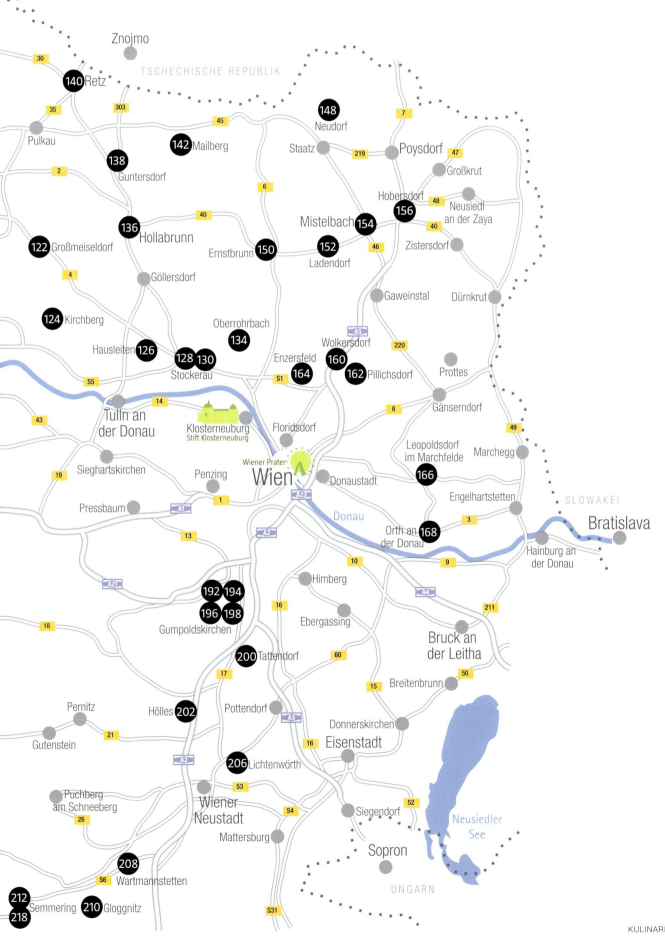

KULINARISCHE ENTDECKUNGEN 11

AUSBLICK VOM KRANICHBERG RICHTUNG NORDEN ÜBER DAS WECHSELGEBIRGE

MOHNFELD IN DER NÄHE VON OTTENSCHLAG

# VORWORT

**D**rei Regionen Österreichs zeigen, wie gut und genüsslich es sich abseits touristischer Hochburgen leben lässt. Da ist das Waldviertel, der nördlichste Landesteil. Eine abwechslungsreiche Gegend voll archaischer Mystik zwischen wilden Felsformationen, leuchtenden Mohnfeldern, hinreißenden Wasserwelten und romantischen Burgruinen. Zugleich voll sanftem Liebreiz zwischen Weinhügeln, Rosengärten, Kräuterwiesen und barocken Schlössern.

Dann das Weinviertel, östlich davon gelegen, Wien sehr nahe. Vor allem Weinbau der Weltklasse prägt die hügelige Landschaft in ihrem milden Klima. Schließlich spannt sich der Bogen in Richtung Süden über die Thermenregion bis hin zum alpinen Semmering. Es sind Gebiete voll Charme, abgelegen und manchmal verhüllt, die das Abenteuer der Entdeckung versprechen. Wer sich durchwegs perfektionierte Hotelburgen oder durchgestylten High-Lifestyle erwartet, wird ihn nicht überall finden. Wenn, dann allerdings auf höchstem Niveau und in ganz individueller Weise.

Bei den hier vertretenen Betrieben liegt das Hauptaugenmerk auf der regionalen Kulinarik. Wie unterschiedlich Tafelspitz, Schweinsbraten oder Knödel schmecken können, ist gleichwohl eine Entdeckung. Da kann man noch die Großmutter finden, die die Karotten mit der Hand ziseliert und nach altem Rezept in kleinen Töpfen und Pfannen auf dem Feuer gart. Ein paar Kurven weiter zaubert ein junger Haubenkoch aus denselben Zutaten ein vollkommen unterschiedliches Gericht, während im nächsten Dorf eine Kreative aus Erdäpfeln etwas so gänzlich anderes macht als Knödel.

Einfach und gehoben, abenteuerlich und gediegen, klassisch und ambitioniert, urig und elegant, jung und althergebracht, das alles bieten die regionalen Gastronomen. Es ist wohl kein Zufall, dass diese noch eher versteckten, schnörkellosen Gebiete zu den von Künstlern bevorzugten Gegenden gehören. Und dass beim Blick auf die Wälder und Gärten, über die Felder und Flüsse, zu den Bergen und Seen Franz Grillparzers erster Satz der „Rede auf Österreich" in den Sinn kommt: „Es ist ein gutes Land".

*Lily Grynstock*

Lily Grynstock

STROHMANDLN (STROHMÄNNER) BEI SALINGBERG

NEBELLANDSCHAFT IM WALDVIERTEL, IN DER GEGEND VON ZWETTL

# GEHEIMNISVOLLES WALDVIERTEL

*Kontinente aus Moos, Heiden aus Moor und Felder aus Mohn*

**G**anz ins Zentrum kommt man nicht. Aber es geht etwas vor dort drin. Hubschrauber dröhnen über den Wäldern, an deren Rand ab und zu ein Jeep in Tarnfarbe patrouilliert. Auf ziemlich einsamen Straßen, auch an blühenden Roggenfeldern und erntereifen Erdäpfeläckern entlang. Die Landkarte verzeichnet zwar noch einige Ortschaften im Inneren, aber sie sind längst verfallen. Denn der Truppenübungsplatz Allentsteig ist seit 1938 militärisches Sperrgebiet.

Eine Aura des Geheimnisvollen ist dem nördlichsten Flecken des Landes ohnehin eigen. Zwischen Südböhmen und der Wachau entfaltet das Waldviertel sich in der Form einer Mohnblüte am blauen Stiel der Donau. Als bizarre Felslandschaft, düstergrüne Wälder, rapsgelbe Felder und kornblumenblaue Seen.

Erstaunliches und Unvergleichliches spüren Reisende auf, wenn sie sich in eine der faszinierendsten Gegenden Österreichs begeben. Merkwürdige Steinformationen etwa, die sich zwischen Fichtenbäumen auftürmen, an Birken lehnen, unter Buchenlaub begraben sind. Es heißt, an manchen dieser Orte hätten keltische Druiden ihre Spuren noch zu einer Zeit hinterlassen können, als südlich der Donau längst die Römer herrschten. So sollen die Kraftplätze, besonders in der Gegend um Groß Gerungs, samt einer rätselhaften Steinpyramide und der steinernen Weltkugel mit ihren Kontinenten aus Moos, von den Kelten stammen. Auch um die Wackelsteine rankt sich so manche Sage. Mit geringer Kraftanstrengung lassen sich tonnenschwere Gebilde in Bewegung setzen, bis – nun ja, bis sich, wie unlängst, etwas wie das ereignet, worüber einer der vorgestellten Betriebe berichtet. Manchmal ist es unwegsam. Enge, staubige Straßen, oft nicht viel mehr als Forst- oder Feldwege, führen zu einigen der anziehendsten Orte. Oft tauchen selbst entlang der ausgebauten Schnellstraßen atemberaubende Bilder auf, wenn sich etwa unterhalb der Brücke eine Felsenburgruine in einem See spiegelt, auf dem frühmorgens die Boote der Fischer schaukeln. Später, sobald die Sonne die berühmt klare Luft wieder etwas erwärmt hat, sind es Urlauber oder Waldviertler, die einen Tag an einem der unzähligen naturbelassenen Gewässer verbringen.

KULINARISCHE ENTDECKUNGEN  *19*

Früher zog nämlich eine Kette aus Burgen eine steinerne Grenze zu Böhmen, manche sind gut erhalten und zugänglich. Bis heute bilden Klöster und Stifte mit ihren Schätzen die kulturellen Bastionen in der Wildheit der Natur, zu der selbstverständlich auch Moore gehören. Wohl keine Pflanze könnte diesem Flecken Erde besser gerecht werden als der Mohn. Nahrungsmittel und Arznei zugleich, in manchen seiner Formen Droge, wird er gepriesen und gefürchtet, verherrlicht und verdammt. Der Waldviertler Graumohn (g. g. A.), übrigens nicht zur Opiumgewinnung geeignet, hüllt einige Wochen lang die Wiesen rund um Ottenschlag in seine kostbare Blütendecke. Ein Schauspiel, das für sich eine Reise wert ist.

Dennoch gibt es keine empfehlenswerte Zeit, denn es ist immer schön. Auf der Route durch die Hochwälder zeichnen im Winter Eis und Schnee die Landschaft wie mit Tusche. Im Sommer greift die Malerin Erde tief in ihre Farbtöpfe und wirft Mohnrot und Sonnenblumengelb zwischen das dunkle Fichtengrün. Wenn der Nebel über die Wälder streift, sich im Gestrüpp bei einem Tümpel verfängt, ans Ufer des Wildbachs schwebt, am Stausee unter den Bootssteg kriecht oder den Wehrturm einer Burgruine verhüllt, erschließt er Betrachtern Welten, die in keinem Reiseführer angeboten werden. Und man entdeckt das Zentrum.

# IM KAISERSAAL BEIM HENKERSMAHL

*Gänsehaut im sanften Klima*

**PÖGGSTALLER HIMBEER-MOHNTORTE**
*Dieses Rezept finden Sie auf der Seite 96*

Sich einstimmen. Ins Waldviertel unvermittelt hineinzuplatzen bedeutete, ein Märchen ohne die Worte „Es war einmal" beginnen zu lassen. Von Süden kommend betritt man mit dem Markt Pöggstall und seinem Schloss das kulturelle Zentrum der Region. Im Laufe der Jahrhunderte entstand aus einer frühmittelalterlichen Wasserburg ein Feudalsitz mit einigen bemerkenswerten Details, wie dem Wehr-Rondell nach einem Entwurf Albrecht Dürers, dem Renaissanceportal oder der linksgedrehten Steinwendeltreppe. „Wir bieten hier auch standesamtliche Trauungen an", sagt Bürgermeister Johann Gillinger, dessen Gemeinde seit einigen Jahren Besitzer der Sehenswürdigkeit ist. Im nicht allzu großen Kaisersaal findet die Zeremonie der traulichen Vertragsunterzeichnung ihren märchenhaften Rahmen. Zweigeschossige Arkadengänge mit Renaissancefresken umfangen den Burginnenhof – allerdings nur auf drei Seiten. Die vierte schließt eine fensterlose Turmmauer ab. Der Innenhof wird auch für Konzerte und andere Open-Air-Veranstaltungen genutzt. Vielleicht war das ja selbst in jenen Jahren der Fall, als dieser Burgfried seinen schaurigen Zweck als Marterturm erfüllte. Einige Jahrhunderte lang ahnte niemand etwas von der Kammer des Schreckens in seinem Inneren, von der Streckleiter, den Daumenschrauben und der Prügelbank. Sie wurde 1776 zugemauert und vergessen. Ein Zufall brachte ihre Düsterkeit zurück in die bleierne Luft des 20. Jahrhunderts. Fachkundig führt Waltraud Hofmann durch die einzige original erhaltene Folterkammer Österreichs. „Im Museum für Rechtsgeschichte", so Vizebürgermeisterin Margit Straßhofer, „stellt eine bemerkenswerte Sammlung weitere Zeugnisse vergangener Gerichtsbarkeit dar." Die Kunstebene Schloss Pöggstall, das Heimatmuseum, die Imkerausstellung und die Geschichte der Rogendorfer geleiten Besucher dann aber geradewegs in das Waldviertel der Idylle.

**SCHLOSS PÖGGSTALL**
*Hauptplatz 1, A-3650 Pöggstall*
*Telefon 00 43 (0) 27 58 / 23 83 oder 33 10*
*gemeinde@poeggstall.at*
*www.poeggstall.at*

# DIE GMIATLICHKEIT WIE FRÜHER

*Gütesiegel für regionale Kulinarik aus eigener Produktion*

**TRADITIONELLES BLUNZ'NGRÖSTL**
*Dieses Rezept finden Sie auf der Seite 97*

Auf den Tischen tanzt man zwar im Wia z'Haus von Johannes und Maria Höllmüller nicht gerade. Aber die rustikalen Vollholzmöbel werden des Öfteren zur Seite geschoben, um die Fläche freizugeben, auf der sich dann die Lebensfreude so richtig entladen kann. Es geschieht mitunter ganz überraschend, „wenn es gemütlich ist, die Leute gut drauf sind und ich Lust habe", sagt der Wirt, der mehrere Instrumente beherrscht. Gerne steigt er in der Krachledernen auf die Plattform im großzügigen Gastraum, um auf dem Keyboard volkstümliche Musik zum Besten zu geben. Manchmal nimmt Maria das Mikrophon in die Hand und manchmal spielt eine ganze Band auf. So beschließen die Wirtsleute viele arbeitsreiche Tage, an denen Johannes Gäste bedient und seine Tiere großzieht: Schweine, Rinder, Mutterkühe und Kälber. „Einige haben sogar noch einen richtigen Stier zum Vater, nicht den Tierarzt." Das Fleisch verarbeitet er nach alten Rezepturen zu Wurst oder er bereitet es für die Pfannen und Töpfe Marias vor. Sie weiß daraus regionale Gerichte in einer Weise zu bereiten, die dem Betrieb das AMA-Gastrosiegel bescherte. Traditionelle Rezepte geben den Ton an, etwa bei Schweinsbraten, Surbraten, Blunzengröstl. Brot bäckt sie, wie die Mehlspeisen, selbst.

Viel Licht dringt von der Terrasse durch die Panoramafenster, die den Blick zum Streichelzoo und auf die Berge des Waldviertels freigeben. Auch in der kalten Jahreszeit werden die singenden Wirtsleut' den Bedürfnissen der Gäste – von intimen Familienfeiern bis zu hungrigen Busgesellschaften – gerecht. Was kann denn heimeliger sein, als den Schnee auf die romanische St. Anna Kirche unten in Pöggstall rieseln zu sehen und sich mit hausgebranntem Schnaps aufzuwärmen?

**WIA Z'HAUS KALKOFEN**
*Johannes & Maria Höllmüller*
*Loibersdorf 37, A-3650 Pöggstall*
*Telefon 00 43 (0) 6 64 / 2 77 43 45*
*Mobil 00 43 (0) 6 64 / 3 45 46 28*
*jo.boellmueller@aon.at*
*www.wiazhausheuriger.at*

KULINARISCHE ENTDECKUNGEN 25

# GEWEIHE MIT FLÜGEL

*„Man muss auf die Gäste Acht nehmen"*

**REHFILET MIT HONIGKRUSTE, THYMIANSAFTERL UND ROTKRAUTSTRUDEL**
*Dieses Rezept finden Sie auf der Seite 98*

Manche möchten lieber ein Rumpsteak als den original Waldviertler Schweinsbraten. „Das bekommen sie dann auch." Die Angerhofwirtin sagt es ohne Augenzwinkern, denn Michaela Buchinger wurde das gastliche Fingerspitzengefühl in die Wiege gelegt. Sie übernahm den Betrieb 1979 von ihrer Mutter, aber im Familienbesitz befindet sich der Vierkanthof seit beinahe hundert Jahren. Es ist eines jener Häuser, in dem sich seit Urzeiten die Dorfbewohner versammeln, zum Beispiel, um nach der Arbeit in den Forsten bei anregenden Gesprächen und einem guten Tropfen die Tage ausklingen zu lassen. Im Winter lehnen sie sich an die Lärchenpaneele und reiben sich die Hände vor den Kacheln des Ofens warm. Wenn sie Feste feiern, bei Hochzeiten oder Bällen, tanzen sie in Hundertschaften im großen Saal des Obergeschosses.

Fremde können die Atmosphäre voll ausschöpfen, wenn sie eines der Gästezimmer oder Appartements buchen. So steht ihnen nicht nur der Swimmingpool im Garten zur Verfügung, sondern im nahen Wald auch ein Fischteich samt verwunschener Holzhütte, aus dem sie sich die Forellen für das Abendessen sogar selbst fangen können. Anschließend könnten sie bei Seniorchef Andreas viel über das örtliche Jagdgeschehen erfahren. Unzählige Trophäen zeugen von der Leidenschaft des geselligen Wirts. „In Dorfstetten wird sehr viel geschossen, darum liegen bei uns immer hervorragende Wildstücke auf den Tellern." Bogenschützen machen zwischen Fichten und Tannen auf dem 3-D-Parcours Jagd auf Attrappen. Für vegetarische Tierschützer hält Michaela Buchinger beispielsweise Kasnockerln bereit, Mohnnudeln oder Karpfenfilet.

Im Extrastüberl steht noch der Flügel, auf dem ihr Großvater komponierte. Bis heute singen die Dorfstettner seine Lieder gerne in der Kirche, bevor sie beim Frühschoppen im Angerhof auf ganz zeitgemäße Art den Sonntag entschleunigen.

**GASTHOF PENSION ANGERHOF**
Michaela Buchinger
*Forstamt 9, A-4392 Dorfstetten
Telefon 00 43 (0) 72 60 / 82 02
Telefax 00 43 (0) 72 60 / 8 20 28
buchinger@angerhof.at
www.angerhof.at*

# AUFATMEN

*Zur Ruhe kommen und Kraft schöpfen im Reich der Holzfäller*

**WALDVIERTLER KARPFEN IN MOHNPANIER**
*Dieses Rezept finden Sie auf der Seite 97*

Der vielleicht erstaunlichste Wecker der Welt schreckt manche Pensionsgäste in einem der Komfortzimmer des Gasthofs Kirchenwirt hoch. „Allerdings meist nur in der ersten Nacht. Man gewöhnt sich doch recht schnell daran", sagt Maria Schiefer, seit 1991 Chefin des Hauses in Bärnkopf. Der Luftkurort scheint auf die Kuppe einer großen Lichtung gebaut. Schön genug, dass die Holzfäller dort rasten. In der traditionellen Waldviertler Stube erzählen sie ein wenig von ihrer Arbeit in den Habsburger Forsten und könnten wohl Fremden verborgene Wanderstrecken weisen.

Die Umgebung des von allen Schichten frequentierten Gasthofs, in dem auch für Busreisende und Festlichkeiten jeder Art genügend Platz vorhanden ist, bietet noch viel Entdeckenswertes. Unter anderem einen Fitnessparcours, Badefreuden am Teich oder Fischen. Von diversen Aktivitäten oder von entspannendem Nichtstun Ausgehungerte sind bei Maria und Josef Schiefer und ihrer Familie gut aufgehoben. „Wir halten zusammen. Unsere Kinder und Enkerl helfen, wenn es hoch hergeht." In der Stube, im Saal mit Seminarausstattung, im Wintergarten, im Gastgarten.

Hausgemachte Mehlspeisen wie Mohnsterz, zünftige Jausen, aber auch das, was man eine „ordentliche Mahlzeit" nennt, füllen die Mägen. Die meisten Zutaten stammen von Bauern aus der Gegend, daraus werden saisonale, bodenständige Gerichte, wie Schweinsbraten mit Kraut und Knödel, Vollwertlaibchen oder Karpfen. Kinder holen sich auf dem nahen Spielplatz und im Spielraum Appetit. Sie finden anschließend auf der Kinderspeisekarte sättigende Schmäuse.

Weil Jung und Alt gerne „Urlaub bei Freunden" machen, wächst die Zahl derer, die vom erstaunlichsten Wecker der Welt aus dem Schlaf geholt werden. Denn sein Klingelton ist die Stille.

**GASTHOF ZUM KIRCHENWIRT**
Maria Schiefer
*A-3665 Bärnkopf 112*
*Telefon 00 43 (0) 28 74 / 82 03*
*Telefax 00 43 (0) 28 74 / 82 03 77*
*office@kirchenwirtbaernkopf.at*
*www.kirchenwirtbaernkopf.at*

# COOLE GEMÜTLICHKEIT

*Alles eine Frage der Harmonie*

**GEEISTE SCHÖNBACHER BIERGWÖLB SCHNITTE**
*Dieses Rezept finden Sie auf der Seite 99*

Anschaulicher kann man dem Geheimnis, das die Kunst des Bierbrauens seit Jahrhunderten umgibt, nicht auf die Spur kommen. Das Schönbacher Pils ist in mehrfacher Hinsicht ein besonderer Gerstensaft. Erstens wird es in den original erhaltenen und restaurierten Gewölben des ehemaligen Hieronymitaner-Klosters neben der Wallfahrtskirche Maria Rast gebraut. Maria und Hannes Pichler servieren, zuweilen unterstützt von den Söhnen Lukas und Matthias, in ihrem Biergwölb Österreichs einziges Pfarrhofbrauereibier. Und zweitens ist ihr Pils eigentlich ein Lager. „Es ist unfiltriert und mild gehopft", so der engagierte Brauer Hannes Pichler, im Hauptberuf Banker. „Es lagert mindestens vier Wochen und hat somit besonders lange Zeit für die Reifung."

Alles ist auf das Bier abgestimmt. Sogar den Traum vom Selbstgebrauten können Besucher sich erfüllen. Unter Anleitung des Chefs maischen und kochen Gäste dann Hopfen und Malz bis zur individuellen Würze. Zum flüssigen Brot kann man passende Jausen bestellen. Sogar eine süße Köstlichkeit wurde eigens für die beiden Wirtsleute entworfen, die die Bierproduktion 2006 übernahmen und 2007 das Biergwölb eröffneten. Wo es sich herrlich, auch zu Livemusik, entspannen und Feste mit bis zu 70 Personen feiern lässt. Als Heurigenlokal hat es nur rund vier Monate im Jahr geöffnet, mit Fixpunkten wie den von Jazzfan Maria initiierten Sessions und Musikwochen, die Gelegenheit bieten, mit Spitzenmusikern aus den Bereichen Jazz und Chormusik zu arbeiten.

Wem die Erkundung des Fluchtwegs, der über einen Teil des alten Kreuzganges führt, nicht reicht, der sollte sich an Familie Pichler wenden. Sie führen Ausflügler aus dieser anderen Welt, in der kein Handy stören kann, in weitere Teile der Slow-Kultur inmitten unverbrauchter Umwelt, auf die man sonst bestenfalls mit viel Glück stieße.

PFARRHOFBRAUEREI
Maria Pichler
*A-3633 Schönbach 1
Telefon 00 43 (0) 664 / 656 37 12
schoenbacherpils@aon.at
www.schoenbacherpils.at*

# JÄGER DER GESCHMACKSVISION

*Von Schäumchen und Wurzeln*

**K**eine Experimente. „Essen soll Essen bleiben, keine Laborgeschichte werden." Das ist das Credo von Michael Kolm, Zwettls bislang einzigem Haubenkoch. Einem kreativen, unruhigen Geist, den Visionen von Geschmäckern auch schon einmal nachts um halb zwei plagen. Dann notiert er sie und beginnt am Morgen mit der Jagd nach ihnen. Viele Zutaten besorgt er sich bei den Biobauern der Region, solange sie den Bedarf decken können. Aus Waldviertler Einkorn, der selten angebauten Urart von Reis, macht er zum Beispiel Risotto mit roten Rüben, denn eines möchte er auf keinen Fall sein: wurzellos. „Kein Schäumchen ohne Wurzel. Es braucht schon alles sein Fundament."

Auf der klassischen Waldviertler Küche basiert, was er macht. Ihm geht es darum, andere mit seiner Fertigkeit glücklich zu machen. „Jeder Mensch hat einen Auftrag im Leben, und mein Auftrag ist eben das." Herauskommen dabei dann Schweinsripperl mit Calamari und Petersilwurzelcreme. Oder Reisfleisch, aber nicht vom Schwein, sondern vom Waldviertler Weiderind mit Garnelen und Chili. Hin und wieder verlässt er auf seiner Jagd nach der Vision Europa, um in Asien fündig zu werden. Die Fusionsküche lehnt er jedoch ab.

Mit seinem Restaurant beim Bärenwald mit dem Gnadenhof für ehemalige Zirkusbären möchte er Hemmschwellen abbauen. Auf der Terrasse und im eleganten Saal ist auch Platz für Familien und Ausflügler, die er gerne etwa mit einem ganz gewöhnlichen Schnitzel erfreut. Oder mit seiner Version von Großmutters Feuerflecken, indem er Brotteig auf den heißen Herd schmeißt und ihn mit Roastbeef, salzigem Rahm und Wiesenkräutern kombiniert. Am wichtigsten ist ihm, sich selbst treu zu bleiben. „Man darf sich nur nicht beirren lassen von denen, die nichts glauben und alles fürchten", sagt er und stürmt in die Küche. Er ist wieder auf der Jagd.

BÄRENHOF KOLM
*Familie Kolm*
*Schönfeld 18, A-3925 Arbesbach*
*Telefon 00 43 (0) 28 13 / 2 42*
*info@baerenhof-kolm.at*
*www.bäerenhof-kolm.at*

AUSGELÖSTE BIOSCHWEINSRIPPERL MIT KNUSPRIGEN CALAMARI UND PETERSILWURZELCREME
*Dieses Rezept finden Sie auf der Seite 100*

# HOF DES MOHNS

*Mohn schauen und erleben mit allen Sinnen*

**WALDVIERTLER MOHNZELTEN**
*Dieses Rezept finden Sie auf der Seite 102*

Der Waldviertler Graumohn ist die Spezialität der Gegend und liefert weit mehr als nur die wunderbaren Blüten im Juli und die beliebten Samen mit dem feinen Aroma, das süße wie pikante Gerichte auf unverwechselbare Weise veredeln kann. Im Shop des Waldviertler Mohnhofs, einem kleinen landwirtschaftlichen Familienbetrieb, der seit langem im Besitz der Familie Greßl ist, gibt es allein an kaltgepressten Mohnölen vier verschiedene Sorten, um Rohkost, Saucen, Nudelgerichte oder Salate zu verfeinern. Die hausgemachten Mohnzelten, Schokoladen, Liköre, selbst Seifen und Cremen tragen den an hochwertigsten Fetten, Vitaminen und Mineralien reichen Stoff in sich. Seine schönen Blüten sind vielfach Motiv auf Häferln, Servietten oder Grußkarten. Margarete und Andreas Greßl bauen seit vielen Jahren erlesene Mohnsorten an, bereiten sie sorgfältig auf und produzieren daraus kostbare Spezialitäten. „Als bäuerlicher Familienbetrieb ist uns sowohl der Anbau von Mohn als auch die Ölerzeugung ein Herzensanliegen." Besticht das Graumohnöl durch milden, so jenes aus Blaumohn durch kräftigen Mohngeschmack, während das Weißmohnöl ein nussiger Charakter auszeichnet. Mit dem Basilikum-Mohnöl erhielten die Erzeuger die Auszeichnung „Ölkaiser". Sie vor Ort zu verkosten, lohnt sich. Der Hof liegt inmitten der eigenen Mohnfelder am Rand von Fichtenwäldern und birgt ein Mohnmuseum, das tiefe Einblicke in die Geschichte rund um den Mohn gibt. Alte Gerätschaften, wie Mohnmühlen aus der Gegend, eine Tondiaschau, die die Entwicklung der Pflanze vom Anbau bis zur Ernte zeigt, eine begehbare Mohnkapsel und eine Opiumecke lassen in die Welt dieses vielfältigen Rohstoffs eintauchen, der dem kleinen Winkel rund um Ottenschlag das Prädikat „Genussregion Waldviertler Graumohn" bescherte.

**WALDVIERTLER MOHNHOF**
Andreas & Margarete Greßl
*Haiden 11, A-3631 Ottenschlag
Telefon 00 43 (0) 28 72 / 7 44 90
Telefax 00 43 (0) 28 72 / 7 44 94
info@mohnhof.at
www.mohnhof.at*

# EIN EXTRAGUPF FREUNDLICHKEIT …

*… serviert zu Süßem von der Konditorenmeisterin*

**BANANENSCHNITTEN**
*Dieses Rezept finden Sie auf der Seite 101*

Vor wenigen Jahren noch war hier am Ortsrand von Ottenschlag nur eine Wiese. Doch dann kamen immer mehr Erholungsuchende auf 850 Meter in die Marktgemeinde im südlichen Waldviertel. Beraten von ihrem „G'spür", beschlossen die Besitzer, hier eine klassische österreichische Café-Konditorei zu erbauen. „Uns ist es von Anfang an gut gegangen mit den Gästen", sagt Martina Einsiedl, für deren Hawaii Baguette ein Reisender weite Umwege in Kauf nimmt, denn auch kleine Gerichte für zwischendurch stehen auf der Karte.

Der pfiffige Egon Junior zählt die Mehlspeisen ab, die in der Vitrine ihren Vanille- und Schokoduft verströmen. Achtundzwanzig Sorten hat seine Mutter auf die Tabletts gelegt, auch typische Wiener Köstlichkeiten wie Kardinalschnitte, Malakoff- oder Sachertorte. Vom Eis ganz zu schweigen. Der Waldviertler Einschlag äußert sich in den Mohnspezialitäten. „Jahrzehntelang in Vergessenheit geraten, hat Mohn in unserer Gegend eine Renaissance erlebt", sagt Egon Senior. Mit Auswirkungen auf die Backstube seiner Frau. Alte Rezepte kommen etwa in den Mohnzelten zu Ehren, die sich nicht nur die zahlreichen Stammgäste, sondern auch viele Kurgäste und Urlauber gerne im modern-gemütlichen Innenraum einverleiben. Oder auf der großzügigen Terrasse mit Blick zum Fischteich und dem Kinderspielplatz. Auch Diabetiker brauchen hier nicht auf Süßes zu verzichten.

Neben den traditionellen Wiener Kaffeekompositionen dampfen sämige Spezialschokoladen vom Schlage der „Antica Cioccolateria" in den Häferln. Vormittags serviert sie der Chef des Hauses, manchmal unterstützt von den älteren Söhnen Daniel und Patrik.

Neuerdings kann man bei den freundlichen Gastgebern sogar übernachten, denn eine Frühstückspension in ruhiger Lage birgt modern ausgestattete Gästezimmer zum Wohlfühlen.

**CAFÉ-KONDITOREI EINSIEDL**
Familie Einsiedl
*Johannesgasse 6, A-3631 Ottenschlag*
*Telefon 00 43 (0) 28 72 / 72 54*
*egon.einsiedl@a1.net*
*www.cafe-einsiedl.at*

# BLÜTENREICH

*Ein Dorfwirtshaus mit Charme*

**RINDSBRATEN**
*Dieses Rezept finden Sie auf der Seite 102*

„Ich bin nämlich mein eigener Koch." Monika Reischer erklärt damit, warum sie an einem frühen Samstagvormittag so wenig Zeit zur Verfügung hat. Die Vorbereitungen für ein Geburtstagsfest laufen auf Hochtouren. Im Festsaal, der seit dem Zubau und Ausbau des Gemeindewirtshauses auch eine Bühne und Galerie bietet, sind die Tische für bis zu 250 Personen schon gedeckt, vor dem Eingang stehen verhüllte Bartische und Sektgläser bereit. Die Surfinien in den Blumenkisterln zeigen ihr strahlendstes Lächeln, Trampolin, Sandhaufen und Trettraktor warten am Rand des Gastgartens geduldig auf den Ansturm von Familien mit Kindern. Tochter Carina hilft beim Einschenken, ihre Brüder Kurt und Nico schauen ihr dabei interessiert zu. Die Nussbäume werfen Schatten auf ein Holzhäuschen.

An der Schank nehmen einige Purker ihren Espresso zu hausgemachten Mehlspeisen ein. Die Einheimischen schätzen diese originale Waldviertler Gastlichkeit in moderner Form. Sie frequentieren ihr Gemeindewirtshaus, um die gutbürgerlich-österreichische Küche mit internationalem Einschlag, vom Braten über das Holzkohlengrillhenderl bis hin zum Schollenfilet, vorzubestellen. Oder sie ordern gleich eines der Tagesmenüs, ein Schnitzerl, eine Pizza, eine andere Kleinigkeit von der Karte. Zwettler Bier und Weine aus der Wachau ergänzen das Angebot.

Lustig geht es oft zu. Im Musikraum im Obergeschoss proben die Blasmusikanten jede Woche. Der Chor purklang übt dort ebenfalls regelmäßig. Er präsentiert im Dezember 2013 im Festsaal die erste eigene CD. Bevor es so weit ist, begeht Purk jedoch am 11.11. „seinen" Feiertag, den Martinitag. Da geleitet die Kapelle den Festzug schließlich in Monikas Dorfwirtshaus zum Martiniganslessen. Spätestens bei den Köstlichkeiten am Christtagsbuffet werden sich die meisten Purker dort wieder treffen.

**MONIKA'S DORFWIRTSHAUS**
Monika Reischer
*Purk 10, A-3623 Kottes
Telefon 00 43 (0) 28 73 / 60 30
monika@dorfwirtshaus-purk.at*

# DER MOHN IST AUFGEGANGEN

*im Mohndorf unter dem Mohnhimmel*

**MOHNKNÖDEL MIT HOLLERKOCH**
*Dieses Rezept finden Sie auf der Seite 103*

Er ist wohl eine der interessantesten Pflanzen, die es gibt. Nach dem Wiedererblühen der alten Kulturpflanze Mohn in der Gegend nahm sich Familie Neuwiesinger seiner besonders an. Mit dem Mohnwirt, einem Gasthaus ganz nach traditioneller Manier, das seit vier Generationen in Familienbesitz ist. Johann Neuwiesinger gelang es, das ganze Dorf mit seiner „Mohnomanie" in den Bann zu schlagen. Rund hundert Seelen leben in schmucken Häuschen unter den Baumkronen entlang der Großen Krems. Und fast alle folgten seiner Anregung, ihre Arbeit der wundersamen Pflanze zu widmen. Im Laufe von über zwanzig Jahren entstand so eine einzigartige Ansiedlung mit intensiver Atmosphäre, am Rande von in allen Rottönen blühenden Feldern, die den Besucher bezaubert. Fast alles, was man über Mohn wissen kann, vermitteln ein Mohnlehrpfad und ein Mohngarten mit an die achtzig verschiedenen Arten.

Wie man ihn früher mahlte, zeigt die Sammlung von etwa zweitausend alten Mohnmühlen im Mohnwirtstadl. Auch der Mohnwirt erzeugt die Grundzutat vieler hauseigener Spezialitäten selbst: Waldviertler Graumohn (ggA) und Weißmohn aus eigener Landwirtschaft setzen dann mild-nussige Akzente in die gutbürgerliche Küche Rosemarie Neuwiesingers. Der sättigende, gesunde und ölhaltige Samen findet vielseitige Anwendung nicht nur bei Süßspeisen in Torten oder Nudeln, sondern auch als Mohnölpesto, Mohnkäsesuppe oder extravagant beim Karpfen im Mohnmantel.

Mitten im österreichischen Hauptanbaugebiet des Waldviertler Graumohns nimmt der Gast in den urigen Stuben oder im Hof unter freiem Himmel und bei Feiern und Festen aller Art auch unter dem Mohnhimmel im ehemaligen Stall des Waldviertler Dreiseithofs Platz. In Mohnappartements kann man nächtigen.

**MOHNWIRT NEUWIESINGER**
Johann Neuwiesinger
*Armschlag 9, A-3525 Sallingberg*
*Telefon 00 43 (0) 28 72 / 74 21*
*info@mohnwirt.at*
*www.mohnwirt.at*

# IM DOMIZIL DER BODENSTÄNDIGKEIT ...

*... wohnt die Tradition des Fleischerhandwerks*

**KARPFENFILETS MIT ZWIEBELN UND KNOBLAUCH**
*Dieses Rezept finden Sie auf der Seite 103*

In jenen Tagen, als die Gasthof-Fleischerei auf dem Hauptplatz von Groß Gerungs in die Familie Hirsch kam, aßen die Waldviertler äußerst selten Fleisch. Erdäpfel und alles, was man daraus machen kann, bildeten die Grundlage des Alltagstellers im Jahr 1834. Dennoch haben sich Rezepte für Fleischgerichte erhalten, die der Inhaber des Gasthofs Hirsch, Herbert Traxler, wie einen Schatz im Safe hortet. Chefkoch Hubert Hirsch bereitet sie zu und passt manche den modernen Gewohnheiten an.

Auf alte Rezepte und handwerkliche Produktionsweise verlässt sich auch der Meister der angeschlossenen Fleischerei, der ausschließlich Tiere aus der Region, die vor Ort geschlachtet werden, verarbeitet. Um die Naturdärme seiner Würste schlingt er noch den Wurstknoten ohne Metallklammer und richtet am Schlachttag die Innereien für geröstete Leber, Hirn mit Ei, Kalbsbries oder Nierndln zu. Wie viele Angestellte ist er langjähriges Mitglied der „großen Familie", die in der Schank mit den Holzlogen, im Stüberl mit dem Biedermeierkachelofen oder im großen, eleganten Festsaal bei Veranstaltungen aller Art die Gäste betreuen oder in der Küche Köstlichkeiten auch für Caterings zubereiten. „Die Mitarbeiter machen einen wesentlichen Teil unseres Erfolges aus", sagt Herbert Traxler. Die Gästeschar belohnt den steten Einsatz, das Stammpublikum ist zahlreich. Einer von ihnen brachte nach einer Mahlzeit im Gasthaus Hirsch gar einen tonnenschweren Stein mit einem einzigen Finger zum Bersten. Der Sohn einer langjährigen Köchin des Hauses tippte ein Wahrzeichen der Gegend – den Wackelstein – an, um ihn zum Wackeln zu bringen. Der Felsbrocken barst jedoch darob in zwei Teile. Auf Nachfrage erfährt man gerne, was unmittelbar zuvor im Gasthaus Hirsch auf dem Teller des Burschen gelegen hatte.

GASTHAUS – FLEISCHEREI HIRSCH
Herbert Traxler
*Hauptplatz 20, A-3920 Groß Gerungs*
*Telefon 00 43 (0) 28 12 / 83 41*
*Telefax 00 43 (0) 28 12 / 83 41 50*
*info@hirsch-gerungs.at*
*www.hirsch-gerungs.at*

# DER BEWIRTER

*Egal wo – ausgeliefert wird überall*

**WALDVIERTLER MOHNNUDELN MIT MARILLENEIS**
*Dieses Rezept finden Sie auf der Seite 106*

Die Grillen zirpen im Chor. Zwei Zypressen bewachen den Eingang der kleinen Wiesenkapelle über der Steinmauer, die die Terrasse des Gasthofs Hinterlechner begrenzt. Der Geruch von frisch gemähtem Gras zieht in den Saal, in dem die Tische für eine Feier gedeckt sind. In der Gaststube versteckt sich das Konterfei der englischen Königin hinter einer Batterie Jägermeisterfläschchen. Und damit hat es seine Bewandtnis, denn: „Wir haben Stammgäste aus England, die fast jedes Jahr hier für einige Tage die Ruhe und die gute Luft genießen." Bei ausgedehnten Wanderungen und bei Radtouren zu einem der Stauseen treffen sie manchmal frühmorgens Alexander Hinterlechner und seine Gefährtin Eva mitten im Wald beim Schwammerlsuchen. Denn Alexander kocht saisonal und heimatlich. „Wenn wir keine Pilze finden, gibt es eben keine", sagt Eva. Hungrig wird in dem herzlichen, familiären Betrieb mit gut ausgestatteten Gästezimmern aber niemand bleiben, denn die Vorratskammern sind gefüllt mit bodenständigen Zutaten für beliebte Gerichte der Region. Oft liefert Alexander sie zu Festen aller Art an ausgesucht schöne Orte der Umgebung, etwa zur Burg Rappottenstein, zu einer Waldlichtung, einer Ruine oder einer privaten Party. Manchmal kocht er dort vor Ort, ofenfrischen Schweinsbraten zum Beispiel, Backhenderl oder Mohnnudeln. Andere Male bereitet er, unterstützt von Mutter Monika, alles verzehrfertig vor. Sogar Woks und Fingerfoodmenüs zaubert er auf Wunsch aus seinen Aluminumboxen. Als er sich 2007 entschloss, das kleine Unternehmen zu starten, war er Vorreiter in der Region um Groß Gerungs. Das Wirtshaus, das seit 1735 im Besitz seiner Familie ist, eignete sich nach einigen Umbauten dafür ausgezeichnet und konnte doch ein Gasthof traditioneller Art bleiben.

**GASTHOF HINTERLECHNER**
*Alexander Hinterlechner*
*Preinreichs 5, A-3920 Groß Gerungs*
*Telefon 00 43 (0) 28 12 / 81 10*
*Telefax 00 43 (0) 28 12 / 81 10*
*gasthaus@hinterlechner.at*
*www.hinterlechner.at*

WALDVIERTLER HOPFEN

# GESELLIGES WALDVIERTEL

*Wo der Schanktisch zum Stammtisch und der Holzfäller zum Statisten wird*

**S**eit über hundert Jahren steht sie da, die Fichte im Habsburger Forst. Immergrün, oder, wie Adalbert Stifter sagte, düstergrün. Vor einiger Zeit sprühte der Revierleiter eine Markierung auf ihre schuppige Rinde, dort, wo die Äste längst abgestorben sind und als dürre Stiele aus dem Stamm ragen. Eine Botschaft für den Holzfäller.

Es ist eine verschlossene Region. Das sagen die Waldviertler selbst. Auch die Menschen seien so, sie würden sich erst auf den zweiten Blick öffnen. Es werde nicht laut geschrien im Waldviertel und es werde nicht geprotzt. Dahinter verbirgt sich jedoch eine ungekünstelte Herzlichkeit, die Reisenden manchmal sogar einen tieferen Einblick in das Leben in dieser Region gewährt.

Vorzugsweise geschieht das an der Schank. Sie ist der zentrale Ort fast aller Waldviertler Lokale. An ihr spielen sich regelrechte Szenen ab, wie dann, wenn der Bürgermeister am Vormittag eine Sitzung über die Gestaltung der Brunnenfigur abhält. Der Rauchfangkehrer macht hier seine Zigarettenpause, der Busfahrer und die Briefträgerin beurteilen eine Straßensperre und die Wirtin handelt mit der Winzerin die Weinpreise aus.

Feiern die Holzfäller Geburtstag, kommen sie, wenn man Glück hat, auch an der Schank ins Erzählen.

Die Tage des drahtigen Mannes mit Dreitagesbart und Gustav-Mahler-Brille beginnen früh. Um fünf Uhr heizt er den Ofen ein, führt den Hund spazieren, frühstückt waldviertlerisch, mit Schwarzbrot, hausgemachter Marmelade und Tee mit Milch. Zwanzig Minuten vor sieben fährt er in den Wald, zieht die Schnittschutzhose an, klappt das Visier des Schutzhelms herunter und schaltet die Motorsäge ein. Er weiß, wo die Kronenhauptlast liegt, in welche Richtung die alte Fichte fallen wird und wie er Gefahr vermeidet. Das Geräusch der Kettensäge verursacht nach einer Schrecksekunde einen kurzen Aufruhr bei den Waldbewohnern. Ein Eichhörnchen ergreift halsbrecherisch die Flucht, ein Sperlingskauz schnellt ins Dickicht, der Specht hört auf zu klopfen. Die Fällkerbe ist geschnitten, der Holzfäller setzt auf der anderen Seite zum Fällschnitt an. Wenn der Baum sich wehrt, schlägt er einen Keil hinein. Es dauert manchmal lange, bis es schließlich laut knarzt. „Plötzlich geht es ganz schnell. Da ist man dann nur mehr Statist." Er arbeitet im Akkord und in einem Team, das sich den Lohn aufteilt. „Da muss man schon hinlangen." Im Schnitt schafft er vier Bäume. Pro Stunde. Nachdem die Männer die Stämme entastet und zersägt haben, transportiert ein Lastwagen die Blochs aus den Wäldern hinaus. Oft ist es gar nicht weit zur sanften, lieblichen Landschaft des Kamptals, mit seinen Auen, Wiesen und Weinterrassen. An kleinen Dörfern und größeren Städten vorbei, von denen jede ihre ganz eigene Überraschung parat hat. So findet sich das Europäische Forschungszentrum für Buch- und Papierrestaurierung in Horn, das älteste Kunstwerk Österreichs in Krems, eine Falknerei auf der Rosenburg und bedeutende Barockkunstwerke im Stift Altenburg. Etwas erstaunlich, dass mit Langenlois die größte Weinstadt Österreichs ausgerechnet im Waldviertel beheimatet ist.

Geradezu unerschöpflich sind die Möglichkeiten für Urlauber, die Ruhe und Entspannung in hochklassigen Wellnessresorts finden oder die Landschaft und ihre Schätze aktiv erforschen können. Zu Fuß, mit dem Rad, auf dem Rücken von Pferden oder gar im Kanu. Und immer ist da irgendwo eine Schank, an der sie sich erfrischen und Insidertipps für ihre ganz individuelle Forschungsreise holen können.

OTTENSTEINER STAUSEE

# INDIVIDUELLE NOTE
*im Dorfwirtshaus mit der gesunden Mischung*

**MIT GRÜNEM SPARGEL GEFÜLLTE HÜHNERBRUST IM SPECKMANTEL UND KRÄUTER-RAHM-SPÄTZLE**
*Dieses Rezept finden Sie auf der Seite 104*

Astrid wusste es schon, als sie noch in die Schule ging. „Ich sagte klipp und klar: Das Gasthaus dort in der Kurve möchte ich irgendwann einmal führen." Es brauchte den Umweg über Saalbach-Hinterglemm, wo sie die Koch- und Kellnerlehre absolvierte und den Berchtesgadener Roland traf, mit dem sie eine Familie gründete. Die Erstgeborene, Katharina, gab den Ausschlag, in die Heimat zurückzukehren. 2006 stand das Wirtshaus zum Verkauf, das Paar machte sich auf, Astrids Jugendtraum zu verwirklichen.

Es ist ein großes Haus, in dem sich nun noch die Sprösslinge Miriam und Raphael tummeln. Manchmal auch in der gemütlichen Gaststube samt Schank und Billardtisch im Erdgeschoss oder im Saal im ersten Stock. Astrid bietet dort Veranstaltern von Festen aller Art ein Rundum-Service mit individueller Dekoration und einer auf das Ereignis, die Jahreszeit und das Budget angepassten Speisenfolge, von Bodenständigem bis zu Ausgefallenem.

Noch ist so einiges aus den 1970er Jahren vorhanden, die dunkelbraunen rustikalen Logenmöbel im Gastzimmer etwa, doch setzen Renovierungsarbeiten laufend Akzente in den originalen Retrostil. Der Holzboden im großen Saal wird wohl erhalten bleiben, da er nicht nur schön ist, sondern Tänzerinnen und Musikanten eine ideale Plattform bietet, was Square-Fans und Jagdhornbläser ebenso zu schätzen wissen wie die Dorfjugend. „Wir sind stolz auf die Melange unserer Gäste. Hier trifft sich Jung und Alt, kunterbunt gemischt." Da ist natürlich auch die Küche auf Individualität eingestellt. Neben den Spezialitätenwochen, „Wild ist mein Herzblut", gibt es Ritteressen, Cordon Bleu zum Selbst-Zusammenstellen oder Salatplatten nach Wunsch. Wochentags serviert Roland Menüs, am Wochenende stellt eine umfangreiche Karte Wildes und Zahmes, vom Gamsschnitzerl aus der Almwiese bis zum Kürbispfandl, zur Wahl.

**LANDGASTHAUS HAUDE**
*Astrid Haude*
*Albrechts 47, A-3961 Waldenstein*
*Telefon 00 43 (0) 28 55 / 2 13*
*lghh@a1.net*
*www.landgasthaushaude.at*

# DIE DREI SÄULEN

*Wie ein junger Koch über die Teller hinaus kreativ ist*

MALZBIER-SCHWEINERÜCKEN MIT ERDÄPFELKNÖDEL UND BIERKRAUT
*Dieses Rezept finden Sie auf der Seite 105*

Wenn Orte wachsen, entsteht der Bedarf nach urbanen Treffpunkten für Versammlungen, Bälle, Betriebsfeiern, Konzerte, Sportereignisse oder Theateraufführungen. Eine Stadthalle wird errichtet. Wie die Stadt Schrems durch ihre Funktion als industrielles Zentrum aus dem Rahmen des oberen Waldviertels fällt, so auch das Angebot an Speis und Trank in ihrer modernen Stadthalle. Daniel Fuchs führt mit seiner Frau Silvia dort ein Restaurant für bis zu 120 Personen fernab herkömmlicher Großgastronomie. Bei Veranstaltungen kann sich die Anzahl derer, die von ihm gleichermaßen qualitätvoll verköstigt werden, allerdings auf bis zu 3000 erhöhen.

Auf drei Säulen stützt der junge Gastronom sein Konzept: Handwerklich gut gemachtes Essen ist die erste. „Nur was ich selbst gerne esse, geht raus", sagt er. Regionalität spielt eine große Rolle, denn wo immer er sich befindet, greift er zu landestypischen Speisen. „Ich verzehre am liebsten, was aus dem Boden vor Ort kommt. Aber hausgemacht muss es unbedingt sein!" Und so findet sich das Altwiener Rahmbeuschel auf seiner Karte, nach Saison zum Beispiel gefolgt von Spargelgerichten oder Lachsforellenfilets. Ausreißer, wie knuspriger Tintenfisch im Reismehl gebacken, sind selten.

Die zweite Säule ist das Weinangebot. „Es gibt so viele gute Winzer, die über wenig Partnerschaften verfügen. Darum machte ich mich auf den Weg und suchte die besten der noch Unentdeckten heraus." Rund vierhundert verschiedene österreichische Weine wählte er, schenkt sie teils auch glasweise aus und bietet sie in der Vinothek zum Mitnehmen an.

Drittens stützt sich die Stadthallenkulinarik von Daniel Fuchs auf das Schremser Bier. Mit dem laut einer Zeitungsumfrage „besten Flaschenbier Österreichs" verleiht er auch seinen Speisen häufig die richtige Würze.

STADTHALLENRESTAURANT SCHREMS
Daniel Fuchs
*Dr.-Karl-Rennerstraße 1, A-3943 Schrems*
*Telefon 00 43 (0) 664 / 247 82 02*
*info@weinhandel-fuchs.at*
*www.weinhandel-fuchs.at*

# DER DUFT DER SÜSSEN SÜNDEN

*Hausgemacht und handgefertigt*

**MOHNHEIDELBEERSTRUDEL**
*Dieses Rezept finden Sie auf der Seite 107*

In der kleinen Küche hinter der Theke, wo Torten, Cremeschnitten, Obstkuchen und Krapferln zum Reinbeißen verlocken, gießt Verena flaumigen Teig aufs Waffeleisen. Betörender Butter-Vanilleduft zieht durch das offene Fenster hinaus zu den Baumkronen des Gastgartens, während sie Bananenhälften auf eine Platte legt. Das Eis für den Split holt sie aus der Eistruhe neben der Eingangstür. Es ist hausgemacht, wie alles Süße hier. Nach den traditionellen und einigen eigenen Rezepten.

Mario Kainz, gelernter Bäcker und Konditor, übernahm zusammen mit Gattin Verena 2003 in Heidenreichstein das Lokal vis-à-vis der größten erhaltenen Wasserburg des Landes. Und machte daraus eine klassisch-österreichische Café-Konditorei. Das heißt: Melange und Kleiner Brauner statt Caffe Latte und Macchiato. Denn „man muss nicht jeden Trend mitmachen". Ganz im Trend liegt jedoch der moderne Gastraum mit den cremefarbenen Polsterstühlen in einer zeitgemäßen und barrierefreien Atmosphäre, in der sich Jung und Alt gleichermaßen wohlfühlen. Der hintere Raum ist mit den gemütlichen Polsterbänken wie geschaffen für den kleinen Nachmittagstratsch unter Freundinnen oder einen Plausch mit dem Geschäftspartner.

Die süßen Verführungen aus Marios Backstube sind nicht nur hausgemacht, sondern großteils auch handgefertigt. Wie die Burgkugeln, die in dünne Silberfolie gewickelte Spezialität des Hauses, gefüllt mit Marzipan und Nougat. Oder die beliebten, bunten Festtagstorten.

Mittlerweile bereitet Verena eine der dreizehn Toastvarianten zu, denn wenn man nicht noch von einem der Frühstücksangebote satt ist, kann man warme pikante Kleinigkeiten bestellen. Und die duften nicht minder köstlich.

**KAFFEE KONDITOREI KAINZ**
Mario Kainz
*Schremser Straße 14, A-3860 Heidenreichstein*
*Telefon 00 43 (0) 28 62 / 5 21 55*
*Telefax 00 43 (0) 28 62 / 5 21 20*
*info@konditorei-kainz.at*
*www.konditorei-kainz.at*

# VON FRÜHER BLIEB DAS „R"

*und ein handgeschriebenes Kochbuch aus einem Prager Haushalt*

**TAFELSPITZ MIT BEILAGEN**
*Dieses Rezept finden Sie auf der Seite 107*

Als die Großeltern Bernhard Bergers das kleine Bauernhaus am Rand eines Spazierwegs bei Heidenreichstein kauften, richteten sie eine Raststation für Sonntagswanderer ein. Auch die Gäste des nahe gelegenen Badeteichs kamen hierher jausnen. Obwohl es längst ein Gasthof ist, mit mehreren Zimmern für Urlauber, Reisende oder Seminarteilnehmer, gab Familie Berger die Bezeichnung „Rasthaus" niemals auf.

In dem reinen Familienbetrieb kocht Mutter Anna seit mittlerweile über sechzig Jahren leidenschaftlich gern. „Wir machen die klassische heimische Kost, viel mit Wild, Fisch und Geflügel, und natürlich die berühmten Mehlspeisen", sagt die Kochbuchsammlerin, deren Küche nicht nur durch die Grenznähe einen starken böhmischen Einschlag hat. Ihre Tante kochte in einem jüdischen Haushalt in Prag und hinterließ handgeschriebene Rezepte. „Bestimmte Dinge lassen sich allerdings heute so nicht mehr herstellen. Es war eine kalorienreiche Kost", sagt sie, während sie eine Préférence auf den Tisch im Fernsehraum legt. Denn den familiären Charakter hat sich der Gasthof ebenfalls bewahrt.

Butter- oder Schweineschmalz tragen nach alter Tradition die Aromen. Selbst Vegetarier brauchen sich nicht zu kasteien, wie Gemüseomelette oder hausgemachte Eiernockerln beweisen. Dieser Kochstil ist ganz im Sinne des Chefs, der seinen Kunden beim Essen die Region nahebringen möchte. Und dafür im Sommer aus dem Wintergarten eine Terrasse für wöchentliche Grillabende schafft oder die Tische im Gastraum für Veranstaltungen, Konzerte oder Versammlungen individuell arrangiert. Teeliebhabern steht eine Teebar zur Verfügung, inklusive Samowar. In diesem Sinne werden auch, wenn Bernhard Berger Caterings fertigt, bestimmt alle Gäste satt.

**RASTHOF STEFANIE**
Bernhard Berger
Edelwehrgasse 8, A-3860 Heidenreichstein
Telefon 0043 (0) 28 62 / 52 11 20
Telefax 0043 (0) 28 62 / 5 21 12 25
office@rasthof-stefanie.at
www.rasthof-stefanie.at

# BROT IST NICHT GLEICH BROT

*Backwaren der besonderen Art*

ROGGENVOLLKORNBROT
*Dieses Rezept finden Sie auf der Seite 106*

O ft zeigt sich wahre Meisterschaft und Kultur in unscheinbaren Dingen. Wie bei der Herstellung von Brot. Mehl mit einigen anderen Zutaten zu einem Teig zu kneten und diesen dann in den Ofen zu schieben, damit ist es bei Erich Kasses, Österreichs einzigem von Slow Food ausgezeichneten Bäcker, nicht getan. Aus dreißig verschiedenen Sauerteigen entstehen 135 Sorten. Darunter das „Beste Brot Österreichs" des Jahres 2009. „Ich kann mich von keinem trennen, denn jedes hat seine Geschichte." In viel Handarbeit fertigt der Betrieb nach seines Großvaters und eigenen Rezepturen Wecken und Weckerl, Semmeln und Croissants.

Am liebsten arbeitet er mit Sauerteig. Der braucht Pflege, er muss alle acht Stunden kultiviert werden. Herr Kasses nennt das Zufügen von Mehl und Wasser „füttern", weil die Teige für ihn „wie meine Haustiere" sind. Seit drei Jahrzehnten verzichtet er auf künstliche Säuerungsmittel. Er wollte zu den Wurzeln zurück und nimmt sich deswegen mit Vorliebe auch der Urgetreidesorten an. Vor allem der Waldstaude, einer Urform des Roggens. Weil sie so selten geworden ist, baut er sie zum Teil selbst an und mahlt sie in einer Steinmühle.

Nach Tochter Lena ist die würzige Linie benannt, mit der Waldbauernflade und den Spezialitäten aus Biokamut, Amarant, Einkorn oder Dinkel. Tochter Laura ist Namenspatronin der süßen Linie, zu der Sachertorte, Mohnmehlspeisen und die sensationellen Schokoladen gehören.

Erhältlich in Delikatessengeschäften in Wien und um Thaya.

**KASSES BÄCKEREI**
Erich Kasses
*Hauptstraße 11, A-3842 Thaya
Telefon 00 43 (0) 28 42 / 5 26 57
Telefax 00 43 (0) 28 42 / 5 26 57 16
baeckerei@kasses.at
www.kasses.at*

# „KOCH, WAS DU WILLST"

*Sich einlassen und Potenzial entdecken*

**BEEF TATAR**
*Dieses Rezept finden Sie auf der Seite 108*

Ergeht die Aufforderung an Michael Stocker, den jungen Chef des Restaurants K 12, er möge doch kochen, was er will, braucht der Gast nur noch die Anzahl der Gänge anzugeben, um in den Genuss eines Menüs voller Überraschungen zu kommen. Da zwinkert dann zum Beispiel Curry aus der Ananas-Kokos-Chilischaumsuppe, ein warmes Roastbeef umarmt ganz plötzlich den Erdäpfelbaumkuchen, bevor Schokoladenflaumi das Eis zum Schmelzen bringt. Ohne Schnitzel und Schweinsbraten geht es aber am Karlstein auch wieder nicht. So ist die Landhausküche des K 12 grundsätzlich regional-bodenständig auf gehobenem Niveau. „Das Urprodukt muss noch schmeckbar sein." Wegen des guten Preis-Leistungs-Verhältnisses können Michael Stocker und Monique Kilian eine bunt gemischte Gästeschar in ihrem Landwirtshaus begrüßen. Mittags stillen auch Arbeiter und HTL-Schüler ihren Hunger bei wohlfeilen Hausmannskostmenüs. Nachmittags ist Zeit für hervorragenden Kaffee und ein Stück handgemachte „Original Karlsteiner Mohntorte", eine Spezialität des Hauses. Abends aber herrscht oft so viel Betrieb, dass schon einmal Gäste ohne Reservierung weggeschickt werden müssen. Und das nicht nur, wenn im Saal eine Weihnachts- oder Geburtstagsfeier, eine Taufe, ein Klassentreffen oder eine Hochzeit mit bis zu 250 Personen stattfindet und die Stammtische in der gemütlichen Gaststube besetzt sind. Partnerin Monique kümmert sich, soweit es ihre Pflichten als Mutter von Melina und Alicja erlauben, um die Gäste.

Auf dem Steckenpferd des Wirts können Sinnenfreudige übrigens beinahe um die ganze Welt reiten. „Ich habe einen Whisky-, Schnaps- und Rumvogel und horte auch echte Raritäten." Mit dem Wein kommt man hier hingegen viel in Österreich herum, kann aber durchaus Abstecher nach Frankreich, Deutschland und Italien machen.

RESTAURANT K 12
Michael Stocker
*Hauptstraße 8, A-3822 Karlstein
Telefon 00 43 (0) 28 44 / 2 10 36
Mobil 00 43 (0) 664 / 9 13 16 71
reservierung@k-12.at
www.k-12.at*

# WODKA AUF EDELBRANDNIVEAU

*Wo sich Wasser und Alkohol verheiraten*

NØRDERD BASILTINI
*Dieses Rezept finden Sie auf der Seite 108*

**N**ichts geschieht zufällig. Nichts hier ist selbstverständlich." Diese Lehre erteilte Elisabeth und Hans Ackerl die Natur des Waldviertels. Rau und kalt, im „höchsten Norden Österreichs". Darum auch der Name ihres Produkts „Nørderd", was auf die Erde und den Norden von Österreich hindeutet. Ein Symbol für Kreativität und eine Marke der Unabhängigkeit. Den elterlichen Bauernhof stellten sie ab 1988 auf Bioproduktion von besonders schmackhaften Kartoffeln um. Aber dabei wollten sie es nicht bewenden lassen. „Unser Ziel war es", erinnert sich Hans Ackerl, „ein Waldviertler Produkt in bester Qualität auch international anzubieten." So entstand die Idee, Wodka zu brennen, jedoch nach der traditionellen Art aus Kartoffeln, nicht, wie heute üblich, aus Getreide.

„Wir wollten freie Bauern sein", sagt Elisabeth, die als die Progressive in der Partnerschaft gilt, „Biolandwirtschaft war von Anfang an unsere Überzeugung". Pragmatiker Hans kümmert sich um die Gärung und das Brennen des Wodkas auf Edelbrandniveau. „Guter Wodka muss weich sein." Die geradezu dramatischen Unterschiede des Biokartoffelwodkas zu herkömmlichem gründen aber nicht nur in der hohen Qualität des Ausgangsprodukts, dessen Basis ausschließlich Bioerdäpfel aus eigenem Anbau sind. Auch die Art der Verarbeitung trägt ihren Teil bei. Nur gentechnikfreie Hefekulturen vergären die Maische zu Alkohol, als Entschäumer fungiert nicht Silikon, sondern Leinöl. Wasser und Alkohol verheiraten sich im Fass, der Honeymoon dauert etwa drei Monate.

Die beiden Unternehmer sind auf dem besten Weg, den Begriff Wodka neu zu interpretieren. „Wir machen Jahrgangswodka, der immer etwas anders schmeckt." Bereits jetzt haben Kenner weit über die Grenzen Österreichs hinaus Gefallen an der 2010 gegründeten Marke gefunden und genießen mit jedem Schluck Nørderd Pure Potato Vodka auch eine große Portion Idealismus.

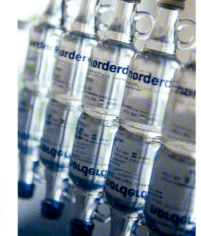

NØRDERD GMBH
Elisabeth Ackerl
*Hauptplatz 12, A-3830 Waidhofen*
*Telefon 00 43 (0) 28 42 / 201 90*
*Mobil 00 43 (0) 664 / 88 43 20 90*
*office@norderd.com*
*www.norderd.com*

WALDVIERTLER MOHNBLÜTEN

# MODERNER TRADITIONALISMUS

*Ein Konzept geht auf*

**WIENER ZWIEBELROSTBRATEN MIT BRATKARTOFFELN**
*Dieses Rezept finden Sie auf der Seite 109*

**W**ichtig für Christian Kerns Küche ist, was gerade am Markt ist. Das bestimmt den täglichen Speiseplan. Altbewährt sind dennoch die Gerichte, die er in seiner kleinen Küche komponiert. „Knödeln sind sowieso wichtig im Waldviertel. Genauso wie Schweinsbraten, Rindsrouladen oder Zwiebelrostbraten. Davon sollten Menschen, die das Waldviertel besuchen, unbedingt kosten. Als Nachspeise empfiehlt sich dann ein hausgemachter Apfel- oder Topfenstrudel." Wochentags stehen zwei Menüs zur Auswahl, meist ist eines vegetarisch. Koch wurde er aus Liebe, aber eigentlich lernte er Mechaniker. Dann begegnete er Eva-Maria, die ihrer Großmutter in diesem Dorfwirtshaus half, das auf der Kuppe zwischen dem Feuerwehrhaus und der Kapelle liegt. 2003, im Alter von 22 Jahren, übernahm sie die Geschäftsführung des alteingesessenen, aber in die Jahre gekommenen Lokals. Mit Engagement krempelten die gelernte Kindergärtnerin und ihr Mann die Ärmel hoch und wirtschafteten das größte Gasthaus der Umgebung wieder hoch. Heute präsentiert sich ihr Wiaz'haus traditionell-gemütlich, aber überaus zeitgemäß. Im großen Gastraum mit Kamin oder in den beiden Stüberln gibt es genug Platz für Familien- und Firmenfeiern. „Die Leute sollen sich wirklich wie zu Hause fühlen und es bedauern, wenn sie aufbrechen müssen." Nun, wer länger bleiben will, kann mittlerweile auch in einem der Gästezimmer einchecken. Der typische Waldviertler Schankbetrieb belebt auch hier die Gaststube zu jeder Tageszeit. Die Stammgäste sind das Rückgrat des Betriebs. Mit einem Glas Wein aus Österreich oder Waldviertler Bier können die Dietmannser hier auch mit Gemeinderäten aller Couleur anstoßen. Diese Art der Kommunikation und des Zusammenhalts schätzt Eva-Maria ganz besonders. „Darum bringt man mich von hier nicht weg. Ich möchte hier bleiben." Und sie setzt erfolgreich alles daran, dass ihre Gäste das auch wollen.

**WIAZ'HAUS KERN**
Eva-Maria Kern
*Hauptstraße 83, A-3813 Dietmanns*
*Telefon 00 43 (0) 28 47 / 23 96*
*info@wiazhaus-kern.at*
*www.wiazhaus-kern.at*

# DAS GROSSE TOR …

*… zur Gastfreundschaft ist immer weit geöffnet*

**ECHSI-PFANDL**
*Dieses Rezept finden Sie auf der Seite 109*

Im Mai und Juni, wenn der Gastwirt Josef Klang im Abendlicht über seine Felder blickt, die sich rund um Echsenbachs Hügel erstrecken, sieht er sie wie unter einer seidigen, rosaviolett schimmernden Decke. Es ist blühender Roggen, den er später mit dem Traktor abernten wird. Als Sechzehnjähriger übernahm er nach dem plötzlichen Tod beider Elternteile den alteingesesenen Familienbetrieb mit dem Gasthof im Zentrum der Klimabündnisgemeinde. Tapfer biss er sich durch die schwierigen Prüfungen und konnte schon wenige Jahre später den Betrieb vollkommen selbständig führen. Im Laufe der Jahre baute er um und aus, und so befinden sich heute im Neubau sehr komfortable, großzügige Zimmer nach modernen Standards. Manche lassen den Blick auf den Gastgarten zu. Gabeln und Messer klimpern beim Abräumen leise auf den leergegessenen Tellern. Traditionell waldviertlerisch und gutbürgerlich kocht das Team den ganzen Tag lang bis in die Abendstunden. An 365 Tagen im Jahr, und meist betreut der Wirt die Gäste selbst. Herzliche Geselligkeit und persönlicher Kontakt sind die Markenzeichen des Gastgebers, zu dessen Besitz auch ein reizvoller Badeteich gehört. An seinem Ufer feiern Jung und Älter Freiluftfeste. Im Wirtshaus finden unter dem Dach des modernen Festsaals mit Bühne Bälle, Hochzeiten und Firmenfeiern statt. Der ledergepolsterte kleine Saal im alten Teil des Gasthofs verfügt über eine Seminarausstattung. Manchmal ist das hohe Eichentor zum Hof geöffnet. Wer vorbeikommt, hört das Klirren der Gläser und sieht auf der kleinen Anhöhe dahinter die Schemen von Zufriedenheit und Wohlbefinden. An einer langen Tafel wehen die Zipfel des weißen Tischtuchs leicht in der Sommerbrise. Partygäste prosten sich lachend zu. Eine ruhige Sanftheit liegt über der Szene, die mit der von blühenden Roggenfeldern vergleichbar ist.

GASTHAUS JOSEF KLANG
Josef Klang
*Marktplatz 6, A-3903 Echsenbach
Telefon 00 43 (0) 28 49 / 82 08
info@gasthof-klang.at
www.gasthof-klang.at*

# DER KNÖDELEXPRESS

*Fertige Knödel wie bei der Waldviertler Hausfrau*

**SELCHFLEISCHKNÖDEL AUF PFEFFERSAUCE**
*Dieses Rezept finden Sie auf der Seite 110*

Es ist fünf Uhr morgens, selbst die Hubschrauber am Stützpunkt Allentsteig schlummern noch. Doch in der Manufaktur von Rainer und Ingeborg Klang sind die Erdäpfel bereits fertig gekocht. Nicht nur einige Stücke, sondern ganze Metallkörbe voll. Vor wenigen Stunden brachten Bauern sie aus dem Wald- oder dem Weinviertel. Nun machen die elf Mitarbeiterinnen des Knödelexpress sich daran, die Kartoffel von Hand zu schälen. Einhundertzwanzigtausend Kilogramm sind es pro Jahr. Denn noch gibt es keine Schälmaschine für gekochte Erdäpfel. Eine Eigenbaumaschine zerstampft die Masse, bevor sie mit Kartoffelmehl und Salz in der Knetmaschine landet. „Mehr ist an Zutaten nicht vonnöten." Selbst bei den verschiedenen Füllen, zum Teil von Schweinen aus eigener Aufzucht, ist Rainer Klang sparsam mit Gewürzen.

„Wir stehen noch gerade für unsere Produkte", sagt er. In dem mit dem AMA-Gütesiegel ausgezeichneten Betrieb sind auch die weiteren Schritte Handarbeit: das Füllen, Drehen, Umwickeln mit Klarsichtfolie und das Bekleben. Die Firma liefert jenes typische Waldviertler Gericht bis nach Wien, das früher oft als „zu einfach" galt und heute zu den regionalen Spezialitäten zählt.

Endverbraucher erhitzen die von jeglicher Konservierung freien Beilagen nur noch etwa zwanzig Minuten in kochendem Wasser, um die perfekte, mit Grammeln, Fleisch oder Selchfleisch gefüllte Ergänzung etwa zu Sauerkraut zu erhalten. Beim Anschneiden muss die Fülle übrigens zerfallen.

Als regionaltypischen Beilagenknödel serviert man die ungefüllte Variante zu Braten oder Gulasch. Im kleinen Schankbereich oder im großen Speisesaal des Wirtshauses der Manufaktur gibt es Gelegenheit, sich durch die Knödel zu kosten.

**KLANG KNÖDEL**
Rainer Klang
*Zwettler Straße 33, A-3804 Allentsteig
Telefon 00 43 (0) 28 24 / 23 01
Telefax 00 43 (0) 28 24 / 2 30 14
Mobil 00 43 (0) 664 / 1 02 86 99
office@klang-knoedel.at
www.klang-knoedel.at*

# LEBENSTRAUM LEBENSSTIL

*Beim Zuckerbäcker der Hektik des Alltags entfliehen*

**SAFTIGER MOHNGUGLHUPF**
*Dieses Rezept finden Sie auf der Seite 110*

Zwei Jahre verbrachte Wolfgang Fröschl als Patissier in Wien und dort seine freie Zeit meist in den Kaffeehäusern. Sie veränderten ihn, prägten seine Vorstellung von Lebensstil. Die Tageszeitungen, die Mehlspeisen, das Glas Wasser neben dem kleinen Braunen. Es wurde für ihn der ideale Rückzugsort aus der Hektik des Alltags, eine Möglichkeit, unter anderen Menschen ganz für sich zu sein. Ab 1990, als er die Bäckerei, die sein Urgroßvater gegründet hatte, von seinem Vater übernahm, ergänzte er sie um eine Konditorei. Das Kuenringer Weckerl ist „die" Gebäckspezialität des Hauses und gehört zu Zwettl wie der Granit, der Kamp und das Bier.

Seine Mehlspeisen tragen die lange österreichische Tradition in modernem Gewand in sich, mit leichten, fruchtigen Noten. Topfentorte, Diplomatentorte, Nougat- und Fruchtrouladen sind Versuchungen in ganz zeitgemäßer Form. Ihnen oder dem hausgemachten, mit Waldviertler Honig gesüßten Eis zu widerstehen, wäre ein Versehen. Vor allem seit er seinen Lebenstraum verwirklicht hat. „Der Kaffeesieder" ist wie ein Abbild seiner Art zu backen: im Grunde ein klassisches Wiener Kaffeehaus mit internationalen Tageszeitungen, rot gepolsterten Nischen und dem Glas Wasser auf der Tasse. Aber das alles in modernem, schlichtem Design. Bei der Kaffeekultur setzt der Perfektionist neue Maßstäbe. Aus einer österreichischen und einer italienischen Kaffeesorte macht er die klassischen Spezialitäten. Wer einen kleinen Braunen bestellt, bekommt automatisch die österreichische Röstung, wer einen Espresso ordert, die italienische. „Die ist kräftiger. Und der österreichische Verlängerte passt besser zur Esterhazyschnitte. Zum Mohn passt am besten Wiener Melange. Hier besteht dann Suchtgefahr."

**DER ZUCKERBÄCKER**
*Wolfgang Fröschl*
*Hamerlingstraße 11, A-3910 Zwettl*
*Telefon 00 43 (0) 28 22 / 5 24 29*
*Telefax 00 43 (0) 28 22 / 52 42 94*
*zuckerbaecker@zwettlnet.at*
*www.derzuckerbaecker.com*

# MENÜ TRIFFT FONDUE
*und lernt das Catering kennen*

**WALDVIERTLER REINDL**
*Dieses Rezept finden Sie auf der Seite 112*

Aus der ungewöhnlichen Zapfhahnanlage der Zwettler Brauerei fließt natürlich nur das örtliche Bier. Rudmanns ist ein Vorort Zwettls von dörflichem Charakter, weswegen der Name des Gasthauses direkt im Ort auch Programm ist. Und so wird, wer typisch österreichische Dorfwirtshausgemütlichkeit sucht, in Jürgen Brandstetters Dorftreff fündig. Alte Eckbänke strahlen etwas von der langen Bestandstradition aus. „Sie hätten viel zu erzählen, wenn sie reden könnten", sagt er. Moderne Elemente dominieren den Schankbereich. Dorfbewohner plaudern hier oder im Schanigarten. Jung hört im Gastraum Alt zu, Organisatoren von Dorfveranstaltungen holen sich im Extrazimmerl Rat beim Wirt, Vereine halten Versammlungen ab. Für die Motorradtourenfahrer von weit her sprudelt der Zapfhahn besonders freudig. Sie finden auch gleich einen Schlafplatz in einem der einfachen, und preisgünstigen Zimmer. Familien lassen einen am nahe gelegenen Stausee verbrachten Tag mit Pizza und naturtrübem Apfelsaft ausklingen, Cliquen feiern ihre Verbundenheit bei Raclette.

Ähnlich gemischt wie das Publikum ist auch das Angebot der Küche. Zu Mittag stehen unter der Woche jeweils zwei Menüs zur Auswahl, an den Wochenenden weist die Karte den Weg zu Klassikern wie Schnitzel und Schweinsbraten. Auf Vorbestellung sättigt selbst Ausgefallenes wie Hummer, Fondue oder Wild. Wenn eine Gartenparty, eine Hochzeit, eine Geburtstagsfeier oder Baustelleneinweihung ansteht, organisiert der Chef auf Wunsch das Ereignis und liefert passende kalte wie warme Gerichte. „Keiner außer mir muss dann einen Finger rühren", sagt er, macht sich eine Notiz für das Pfingstturnier, bei dem er Fußballfans bewirten wird, und eilt in die Küche, um das köstliche Waldviertler Reindl zuzubereiten.

**DAS DORFTREFF**
Jürgen Brandstetter
*Rudmanns 83, A-3910 Zwettl*
*Telefon 00 43 (0) 28 22 / 520 21*
*Telefax 00 43 (0) 28 22 / 52 02 14*
*Mobil 00 43 (0) 6 99 / 11 55 44 04*
*dasdorftreff@rudmanns.at*
*www.dasdorftreff.at*

# EIN KLEINOD IN DER NATUR

*Vom Wald auf den Teller*

**WALDVIERTLER KALBSFILET IM WIESENHEU MIT ERDÄPFEL-BÄRLAUCHSTRUDEL**
*Dieses Rezept finden Sie auf der Seite 111*

Mit großen Körben stehen sie an der eleganten Rezeption des Viersternehotels. Der Inhalt duftet zart nach Holz, nach Fichtennadeln und Harz. Stolz präsentieren sie ihre Tagesernte aus den Forsten rund um die einsam auf einer Lichtung gelegene ehemalige Alm: Eierschwammerl, Steinpilze, Herrenpilze. Von der Alm blieb das reizende Stüberl mit den rauchgeschwärzten Tramen.

Rasch ist Chefkoch Christian Hrusa zur Stelle und nimmt die Delikatessen in Besitz, um daraus Köstlichkeiten zu bereiten. Seine pfiffige „Neue Waldviertler Küche" basiert, nach Saison, auf den archaischen Gerichten der Region. Schweinsschnitzel, Gulasch, Hüferlsteak oder Karpfen tragen gleichermaßen die Merkmale der Gegend. Von Hand wuzzeln Küchenhilfen die Mohnnudeln, zu denen hier eine ungewöhnliche Spezialität serviert wird: gestacheltes Bier. Dabei flammt ein glühender Eisendorn das Restmalz aus. „Wir möchten die Bierkultur pflegen", sagt Gastgeber Markus Hann, während er ein frisches Zwettler vom Brunnen zapft.

Richtig erlebnisreich wird ein Menü, wenn nebenbei am Tisch eine Minibrennerei den Gerstensaft zu einem Digestif destilliert. Danach schäumt im Wellness- und Spabereich ein Masseur Bier auf die Haut. Im Naturbadeteich schwimmt sich nicht nur müde, wer in einem der Zimmer oder in einer Maisonette im 2008 erbauten Trakt nächtigt. Zu viel Action? Schlicht und slow sieht man sich schwerlich satt, wenn von hier droben einfach nur der Blick über das Waldviertel schweift. Am besten in Gesellschaft, bei einer Hochzeit, am Geburtstag oder zu Weihnachten. Längst wissen auch Seminarteilnehmer den Ort und die ganzjährig gebotenen Möglichkeiten zu schätzen.

„Das Naturpanorama in absoluter Ruhelage öffnet Herz und Seele. Wenn die Gäste einmal da waren, sind es treue Gäste", sagt Markus Hann.

**HOTEL SCHWARZ ALM**
Markus Hann
*Almweg 1, A-3910 Zwettl
Telefon 00 43 (0) 28 22 / 5 31 73
Telefax 00 43 (0) 28 22 / 5 31 73 11
willkommen@schwarzalm.at
www.schwarzalm.at*

# WIE GESPONNEN, SO GEWONNEN

*Weltumspannend denken und aus dem Reichtum der Erde schöpfen*

Schöpfen. Johannes Gutmann verwendet das Wort oft. In seiner Weise, die nachdenklich macht. Und nachdenklich zu machen, ist eines seiner erklärten Ziele. Das war es schon, als er 1988 ein Unternehmen gründete, das mittlerweile einer der Leitbetriebe des Waldviertels ist und hinter dessen Namen sich alles verbirgt, worum es dem innovativen Geist zu gehen scheint: Sonnentor.

Er begann mit drei Kräuterbauern, die sich einer industrialisierten Landwirtschaft nicht beugen wollten. Heute ist Sonnentor berühmt für seine, damals als versponnen geltenden, Bedingungen: biologischer Anbau, Naturnähe und fairer Umgang miteinander. „Die Innovation kam eigentlich von den Konsumenten, die uns vertrauten und die Qualität unserer Produkte erkannten." Biokräuter, Gewürze und Tees, darunter Mischungen für die unterschiedlichsten Befindlichkeiten, standen am Anfang der Erfolgsgeschichte. Mittlerweile verkaufen zahlreiche Sonnentor-Geschäfte weit über Österreichs Grenzen hinaus Kräuter, Gewürze und Tees wie „Gute Laune" oder „Alles wieder gut". Darüber hinaus Kosmetik, Fast-Fertigsuppen, Kekse, Fruchtdesserts und Honige.

Sonnentor ist auf dem Weg, die Welt zu umspannen, ganz wie die Namensgeberin selbst. In 50 Länder exportiert es seine Waren bereits. Und seine Ideen. Denn „mehr Menschen sollten erkennen, was recht ist. Überall gibt es Naturschätze, die wir nutzen können. Daraus können wir schöpfen." Faires Tun wird bei Sonnentor in allen Bereichen gelebt. „Das muss sich vom Produzenten durchziehen bis zum Endverbraucher." Der Kunde, so Gutmann, ist von alldem begeistert. Und wird die Botschaft freudig aufnehmen, dass sich der „Spinner" derzeit intensiv mit „Tee als Begleitung zum Essen" beschäftigt. Wieder einmal hat Johannes Gutmann es geschafft, einen zum Nachdenken zu bringen.

SONNENTOR
Johannes Gutmann & Karin Rauch
*Sprögnitz 10, A-3910 Zwettl*
*Telefon 00 43 (0) 28 75 / 72 56*
*Telefax 00 43 (0) 28 75 / 72 57*
*office@sonnentor.at*
*www.sonnentor.com*

AUSBLICK VOM BARNKOPF RICHTUNG SCHÖNBACH

# FRAUENDYNASTIE

*Wohlfühlen von früh bis spät*

**WILDSCHWEINSTEAK MIT STEINPILZSAUCE**
*Dieses Rezept finden Sie auf der Seite 112*

Manchmal frühmorgens, noch bevor die Pensionsgäste aus einem der Wohlfühlzimmer der Landpension Gamerith auf die Fichtenwipfel der umliegenden Hügel blinzeln, lädt Chefin Lisa einen ganzen Haufen Gepäck in ihren Van und kurvt damit eine schmale Waldstraße hinunter. Einen Tagesritt weit entfernt stellt sie es ab und fährt zurück auf die Anhöhe, wo die Wanderreiter ihre Pferde aus der Koppel geholt, gefüttert und gesattelt haben, um sich auf ihren Rücken durch intakte Umwelt in einer der gesündesten Regionen Österreichs tragen zu lassen. An der nächsten Station wartet das Gepäck bereits auf sie.

Schon Lisas Ururgroßmutter beherbergte Übernachtungsgäste, Baron Gutmann etwa ruhte im Salettl, aus dem mittlerweile Zimmer und Säle zum Feiern mit herrlichem Rundblick geworden sind. Gemeinsam mit ihrer Mutter Maria und Tochter Sonja führt sie den Gastbetrieb und stellt individuelle Betreuung an die erste Stelle. Eine Tradition, in die sich sogar Enkelin Lina mit ihren zwei Jahren schon einbringt. Heutzutage schätzen unter anderem auch Golfer, Mountainbiker, Wohnmobilisten – für sie gibt es Stellflächen im Grünen mit Strom – und Motorradfahrer die hausgemachten Marmeladen und Säfte. Damit krönt die Küche im Übrigen so manches ihrer Waldviertler Schmankerl. Wer es nach einem Ausflug zum nahe gelegenen See oder einem Vortrag im technisch modern ausgestatteten Seminarraum lieber etwas deftiger wünscht, lässt sich wahrscheinlich die Kistensau nicht entgehen. Die Spezialität des Hauses kommt als zart gedünstetes Schweinefleisch in einer Kiste mit Deckel auf den Tisch. Wird er geöffnet, zieht ein herrlich würziger Duft durch die Gaststube mit der handgefertigten Bauernmalerei, zur Kachelofenbank in der Stube oder unter die Sonnenschirme im Gastgarten.

**GASTHOF GAMERITH**
Elisabeth Gamerith
*Mottingeramt 41, A-3532 Rastenfeld
Telefon 00 43 (0) 28 26 / 440
Telefax 00 43 (0) 28 26 / 440 25
Mobil 00 43 (0) 6 64 / 894 40 78
buchen@landpension.at
www.landpension.at*

# SCHMUNZELND SCHLEMMEN

*Was man so alles zu sich nehmen kann*

**REHRÜCKEN VOM MAIBOCK MIT MOHNHAUBE, KNÖDEL-ROULADE, SPECKFISOLEN UND ZWIEBELMARMELADE**
*Dieses Rezept finden Sie auf der Seite 113*

Da werfen neben bizarren Figuren auch kleine Gemeinheiten Schatten auf den Rasen des revitalisierten Gartens eines Renaissance-Wasserschlosses. In Stein gemeißelt, aus Schrott gehämmert, in Holz geschnitzt, sind die Skulpturen dennoch meist leicht verdaulich, denn das Herzstück ist die Freiluftgalerie des österreichischen Karikaturisten Haberzettl. Auf diese Weise kann der zugehörige Gasthof die regionstypischen Speisen auch mit einer Prise Humor würzen. Otto Schindler ist mit seiner Frau Andrea in sechster Generation Chef des Familienbetriebs. Das typische Waldviertler Wirtshaus zeichnet ein persönliches Verhältnis zu den Gästen aus. Vor allem die Stammgäste wissen dies zu schätzen und so versammeln sich schon vormittags Einheimische um den Kachelofen im Schankraum, um Karten zu spielen, zu diskutieren und Neuigkeiten aus Lichtenau auszutauschen. „Ein richtiges Wirtshaus hat obendrein eine soziale Funktion", sagt Seniorchef Otto Schindler. Urlauber, Ausflügler, Seminarteilnehmer oder Wanderer gesellen sich gerne dazu. Andere finden einen schattigen Platz unter den Linden des Gastgartens. Im Saal und im gemütlichen kleinen Stüberl können auch geschlossene Gesellschaften saisonale Gerichte regionaler Bodenständigkeit zu sich nehmen. Seniorchefin Ruth streut gerne Gewürze aus eigenem Biokräutergarten darüber. Hausgemachtes ist selbst beim Frühstück für die Gäste Trumpf, die in einem der gemütlichen Themenzimmer zur Ruhe kommen können. Die Grundlagen der Marmeladen, Fruchtsäfte, des Minzesirups wie auch der Schnäpse stammen aus eigener Ernte. „Wir bevorzugen generell Produkte der Region." Nur bei den Weinen setzen die Wirte zudem auf internationale Tropfen, wenn auch das meiste aus Rieden der Wachau sowie des Kamp- und Kremstals stammt.

**GASTHOF SCHINDLER**
Familie Otto Schindler
*Brunn am Wald 30, A-3522 Lichtenau
Telefon 00 43 (0) 27 18 / 2 30
Telefax 00 43 (0) 27 18 / 2 78 70
office@gasthof-schindler.at
www.gasthof-schindler.at*

# FÜR ALLE DA

*Ungefiltert hausgemacht*

**EINGEBRANNTE ERDÄPFEL MIT SCHWEINS-LUNGENBRATEN UND ESSIGKAPERN**
*Dieses Rezept finden Sie auf der Seite 114*

Eine für die größte Weinstadt Österreichs nachgerade rebellenhafte Zutat prägt zahlreiche Köstlichkeiten vom Schwein, Lamm, Rind und sogar der Forelle im Fiakerwirt in Langenlois – ausgerechnet Bier! Und das kommt noch dazu aus der eigenen Braustube.

Darüber hinaus reiht sich bei Küchenmeister Jörg Hartl eine Rarität aus der klassisch-österreichischen Tradition an die nächste. Und alles ist hausgemacht. Rilette zum Beispiel, Leberpastete oder eingerextes Fleisch. Diese Spezialitäten, die man sonst kaum mehr kosten kann, gibt es glücklicherweise zudem zum Mitnehmen. Geröstete Leber, Fiakergulasch, Beuschel und einige der beliebtesten Mehlspeisen, wie Marillenknödel und Palatschinken, aber auch herrliche Tagesgerichte wie gebackene Zucchini mit Sauce Tartare bilden eine ausgezeichnete Grundlage für die Gerstensäfte, die Bruder Erwin braut: Pils, Märzen, Dunkles, Bock und Weizenbier. An der Schank verkauft oft der Vater des Gespanns, Erwin sen., die ungefilterten hauseigenen Zwicklbiere in Ein- und Zwei-Liter-Bügelflaschen.

Zu Mittag richtet Jörg Menüs nach Hausmannskostart her. Der diätisch geschulte „Global Master Chef" bereitet auf Wunsch darüber hinaus Diätköstlichkeiten zu. Auch dank Mutter Sieglindes Unterstützung bringen faschierter Braten, Kotelette oder Karpfen Abwechslung in den wöchentlichen Speiseplan der zahlreichen Stammgäste. Im Sommer bevorzugt die bunt gemischte Gästeschar den Schanigarten. Andernfalls können sie sich entscheiden zwischen der behaglichen Schankstube, der Gaststube, die sich zum Glück allen Erneuerungsbestrebungen widersetzte, oder einem Saal, in dem auch größere Veranstaltungen stattfinden. Von den Haflingern, die einst die Fiaker der Familie zogen, blieb ein Pferdegeschirr. Darin spiegeln sich jetzt rundum zufriedene Gesichter.

**ZUM FIAKERWIRT**
Jörg & Erwin Hartl
*Holzplatz 7, A-3550 Langenlois
Telefon 00 43 (0) 27 34 / 21 50
Telefax 00 43 (0) 27 34 / 21 50 4
office@fiakerwirt.at
www.fiakerwirt.at*

# AUF GUTEM BODEN

*In Langenlois gedeiht nicht nur der Wein*

Im Zentrum des lieblichen Langenlois lagern hinter der Renaissancefassade im Ursin Haus große Teile der Weinernten des Kamptals. Ebendort kosten Weinliebhaber sich durch die verflüssigten Früchte der Böden von Heiligenstein, vom Gaisberg, Loiserberg, Seeberg, von Spiegel, Steinhaus, Steinmassl, vom Käferberg und Dechant. Fasziniert schmecken sie, welch unterschiedliche Nuancen die Erde hervorbringt, in der die Weinstöcke wurzeln. Urgestein, Löss und Lehm nähren die Trauben, die im Spannungsfeld des pannonischen, trockenheißen Klimas gedeihen, das vom raueren und kühleren des Waldviertels gestreift wird. In den für die Region typischen Sorten wie Grüner Veltliner oder Riesling, aber auch im Chardonnay, Zweigelt und Burgunder kommen die klimatischen Bedingungen am besten zum Ausdruck. Langenlois ist die größte Weinstadt Österreichs. Im Ursin Haus, in dem auch das Tourismusbüro beheimatet ist, lagern über dreihundert Produkte von rund sechzig Winzern und Winzerinnen, die täglich zu Ab-Hof-Preisen erhältlich sind. Außer Weinen umfasst das Sortiment der Gebietsvinothek des Weinbaugebietes Kamptal noch Sekte und Edelbrände. Erlebnispackages rund um den Wein beinhalten unter anderem Kellerführungen, Kellergassenfeste und Winzerquartiere.

Auf dem guten Boden von Langenlois gedeihen aber auch Kunst, Kultur und Architektur. Von den prachtvollen Gärten, die hier zum Schau- und Erlebnisgarten werden, ganz zu schweigen. Für Veranstalter und Seminarteilnehmende, denen gut ausgestattete Räume zur Verfügung stehen, ein wohltuendes Umfeld.

Zeitgenössisches trifft auf Jahrhunderte alte Traditionen und die Verbindung von Wein, Garten, Design und Kunst begeistert Menschen, die das Leben mit allen Sinnen erfahren und den Boden unter den Füßen finden möchten.

URSIN HAUS VINOTHEK
& TOURISMUSSERVICE
*Kamptalstraße 3, A-3550 Langenlois*
*Telefon 00 43 (0) 27 34 / 2 00 00*
*Telefax 00 43 (0) 27 34 / 20 00 15*
*info@ursinhaus.at*
*www.ursinhaus.at*

KULINARISCHE ENTDECKUNGEN *91*

# GENUSSWERKSTATT UND WEINSTUBE

*Ein Rundumpaket österreichischer Lebensart*

**SCHWEINSKARREESTEAK VOM DONAULANDSCHWEIN MIT ERDÄPFEL-GEMÜSEGRÖSTL UND PAPRIKAMARMELADE**
*Dieses Rezept finden Sie auf der Seite 115*

Im Innenhof rankt sich wilder Wein über die Dächer und in jenen Monaten, in denen „ausg'steckt" ist, können die Gäste bei schönem Wetter die Produkte aus der Genusswerkstatt von Carina Holzer im Laubschatten genießen. Typische Heurigengerichte, wie Aufstriche oder die Winzerjause, deftige Sattmacher wie Schweinsbraten oder Blunz'n stehen zur Auswahl. Aber in der Genusswerkstatt rührt sie auch Marmeladen, Fruchtaufstriche aus Kamptaler Marillen, Weichseln, Erdbeeren oder Zwetschken und kombiniert sie oft mit exotischen Beigaben, wie grünem Pfeffer oder Kakao. Carina veredelt Obst und Gemüse vom eigenen Garten und von Streuobstwiesen der umliegenden Bauern. Viele Gewürze holt sie vom Kräutergarten auf dem Dach.

Pensionsgäste kommen nach einer Nacht im Erlenholzbett in einem der großen Genießerzimmer schon beim Frühstück in den Genuss der fruchtigen Vielfalt. Ohne Reizüberflutung vieler touristischer Zentren wird die Stille des Kamptals zum Ansporn, die sanft hügelige Landschaft auf schmalen Wegen zu erkunden. „Man erwartet die Schönheit nicht", sagt Carinas Bruder Ernst Schneider, der den Familienbetrieb führt und auch Weingartenwanderungen oder Picknicks an den schönsten Plätzen der Umgebung veranstaltet. Es gibt komplette Packages für Genussreisende, für Aktivurlauber, Wanderer oder Radfahrer, die das kulinarische, kulturelle und sportliche Kolorit des Kamptals kennen lernen möchten. Stilvoll können sie anschließend in der Weinstube des Cobaneshofs bei warmen oder kalten Speisen regional und auf die Jahreszeit abgestimmt den Tag ausklingen und dabei edle Gläser, gefüllt mit Grünem Veltliner, Riesling oder Chardonnay aus eigenen Rieden, klirren lassen. Aber was wäre ein Genusspaket in Österreich ohne Kaffeehaus? In Schneiders Café am Holzplatz in Langenlois lässt sich auch diese Wonne noch entdecken.

**COBANESHOF**
Familie Schneider
*Weinstraße 37, A-3550 Langenlois
Telefon 00 43 (0) 27 34 / 25 64
office@cobaneshof.at
www.cobaneshof.at*

# IM ATELIER DER GASTFREUNDSCHAFT

*Da kocht man ein*

**MOHNSCHMARREN**
*Dieses Rezept finden Sie auf der Seite 114*

**M**änner kochen, um zu imponieren, Frauen kochen, um zu beglücken." Ilse Gutmann versteht viel vom Beglücken. Zur Seite steht der Chefin des Hauses und der Küche ein Team, das die Ziele seiner Lehrmeisterin verfolgt. „Wir versuchen, intensiv mit der Gegend zusammenzuarbeiten. Und mit der Natur." So malen die Gärten, Felder und Wälder der Umgebung an den Tellern ebenso mit wie die Jahreszeiten. Die gutbürgerlichen böhmisch-österreichischen Traditionen erhalten dabei moderne Akzente. Als erste Frau in Österreich bestand Ilse Gutmann die Prüfung zur Küchenmeisterin. Ihrer Leidenschaft, dem Einkochen, verlieh sie in einem schönen Buch Ausdruck. Marmeladen und Säfte aus ihrer Produktion gibt es sogar zum Mitnehmen. Bis auf Fleisch kann Gatte Johann den Gästen daher ausschließlich mit Liebe Selbstgemachtes offerieren. In der gemütlichen Gaststube, im Extrastüberl oder im Gastgarten unter den Nussbäumen mit herrlichem Blick über den Kamp kümmert er sich aufmerksam um das Wohlergehen. Dabei entkorkt er ausschließlich Zöbinger Weine, und das, obwohl die Küche Inspirationen aus Italien nicht verleugnet. Etwa bei den exzellenten hausgemachten Nudelgerichten, wie den Fröscherl, den mit Bärlauch gefüllten Teigtascherln. „Wir versuchen unsere heimische Küche etwas ins Italienische zu bewegen." Desserts sind eine weitere Leidenschaft der Wirtin. Die hat sie an Sohn Klaus vererbt, der bereits diplomierter Chefpatissier ist. Denn der letzte Eindruck zählt. Darum sollten Kunstsinnige sich auch noch einmal umdrehen, wenn sie die guten Stuben verlassen, und einen Blick auf die bunten, lebendigen Bilder an den Wänden werfen. Ilse Gutmann nimmt sich des Typischen ihrer Heimat mit Farbe und Pinsel ebenso fesselnd an wie mit Messer und Kochlöffel.

**GASTHAUS GUTMANN
ZUR SCHÖNEN AUSSICHT**
Familie Gutmann
Heiligensteinstraße 32, A-3561 Zöbing
Telefon 00 43 (0) 27 34 / 23 34
hansi.ilse@aon.at
www.gasthaus-gutmann.com

# REZEPTE

## PÖGGSTALLER HIMBEER-MOHNTORTE
Schloss Pöggstall, Seite 22

ZUTATEN FÜR 1 TORTE

TEIG
*100 g Butter, 100 g Zucker, 2 Eier, ⅛ l Milch, 150 g Mohn, 80 g griffiges Mehl, 1 Pck. Backpulver, 1 Pck. Vanillezucker, Zitronenschale nach Belieben*

FÜLLE
*¼ l Obers, ¼ l Joghurt, ⅛ l Topfen, 1 EL Zucker, Rum, 1–2 Schoten Vanille, Zitrone, 6 Blatt Gelatine*

BELAG
*250 g Himbeeren, 1 EL Zucker, 2 Blatt Gelatine, Ribiselmarmelade*

ZUBEREITUNG

Eier zu Dotter und Klar trennen. Butter mit halber Menge Zucker schaumig rühren und nach und nach die Dotter einrühren. Anschließend das Eiklar zu Schnee schlagen und den restlichen Zucker vorsichtig einrühren. Dann in die Dottermasse mit dem Schneebesen Schnee und Milch unterrühren. Das Mehl mit Backpulver und Mohn gut vermischen und vorsichtig unterheben. Die Masse in einen gefetteten und mit Mehl gestaubten Tortenring füllen und bei 170 °C Heißluft zirka 20 Minuten backen. Tortenboden auskühlen lassen und dünn mit Ribiselmarmelade bestreichen.

Für die Fülle das Schlagobers fest schlagen. Topfen, Joghurt, Zucker, je einen Schuss Rum und Zitronensaft sowie Vanillemark kurz verrühren. Gelatine laut Beschreibung verarbeiten und in die Topfen-Joghurt-Masse einrühren. Anschließend sofort das geschlagene Obers unterheben und zirka sechs Stunden kühl stellen.

Für den Belag frische Himbeeren (Tiefkühl-Himbeeren vorher erwärmen) pürieren und einen Esslöffel Staubzucker einrühren. Anschließend Gelatine auflösen und einrühren.

Torte in einen Tortenring setzen und die Topfen-Joghurt-Masse darauf verteilen. Zum Schluss die Himbeermasse vorsichtig darüber streichen und mindestens drei Stunden kühl stellen.

# REZEPTE

### TRADITIONELLES BLUNZ'NGRÖSTL
Schmankerl Wia Z'Haus Kalkofen, Seite 24

ZUTATEN FÜR 1 PERSON

*250g Blunz'n, 2 mittelgroße Kartoffeln, ½ kleine Zwiebel, Schmalz zum Braten, Knoblauchzehe, Majoran, Salz, Pfeffer aus der Mühle, Menge der Gewürze nach Geschmack*

SAUERKRAUT

*150g Sauerkraut vom Bauern, 1 kleine Zwiebel, 50g geselchter Bauchspeck, 1 TL Zucker, 1 TL Schmalz*

ZUBEREITUNG

In einer Pfanne das Schmalz auf mittlerer Stufe erhitzen. Die Zwiebel schälen, fein hacken und darin anschwitzen. Die Erdäpfel kochen und schälen. Dann in dünne Scheiben schneiden, in die Pfanne geben und anrösten. Die Haut von der Blunz'n entfernen. Die Wurst klein schneiden und ebenfalls mitrösten. Sie wird durch die Wärme weich; je nach Geschmack kann man sie weicher oder zur Knusprigkeit rösten. Mit etwas Salz, Pfeffer aus der Mühle, Majoran und Knoblauch nach Geschmack nachwürzen, da die Blunz'n selbst bereits gewürzt ist.
Für das Sauerkraut die Zwiebel schälen und hacken. Den Bauchspeck kleinwürfelig schneiden.
In einer Pfanne das Schmalz erhitzen, Zwiebel und Speck anschwitzen. Einen Teelöffel Zucker darüber streuen und bis zur leichten Bräune karamellisieren. Mit etwas Wasser aufgießen. Sauerkraut dazugeben und zugedeckt etwa zehn Minuten dünsten lassen.
Das Sauerkraut auf einen Teller geben und das Blunz'ngröstl daneben anrichten. Heiß servieren. Selbstgemachtes Bauernbrot dazu reichen.

### WALDVIERTLER KARPFEN IN MOHNPANIER
Gasthof zum Kirchenwirt, Seite 28

ZUTATEN FÜR 4 PERSONEN

*2 Karpfenfilets, 1 Ei, Schuss Milch, 100g Mehl, 200g Semmelbrösel, 100g Graumohn (nicht gemahlen), Öl zum Backen, Salz, Pfeffer, Knoblauchpulver*

ZUBEREITUNG

Die Karpfenfilets waschen, danach schröpfen, das heißt, quer zur Maserung feine Schnitte machen und die Filets in vier Teile portionieren. Mit Salz, Pfeffer und Knoblauchpulver würzen.
Die Stücke in Mehl wenden. Ein Ei mit etwas Milch versprudeln, den Fisch darin eintauchen. Semmelbrösel und Mohn gut vermengen und die Filets damit panieren. In einer Pfanne Öl auf mittlerer Stufe erhitzen. Die Fischstücke goldbraun backen.
Als Beilage eignen sich Petersilkartoffeln oder Bratkartoffeln. Außerdem passt gemischter Salat hervorragend.

# REZEPTE

## REHFILET MIT HONIGKRUSTE, THYMIANSAFTERL UND ROTKRAUTSTRUDEL
Gasthof Pension Angerhof, Seite 26

### ZUTATEN FÜR 4 PERSONEN
*½ Rehrücken (Rehfilet), Prise Salz, Prise Pfeffer, 2-3 Zweige Thymian*

### HONIGKRUSTE
*3 EL geschroteter Buchweizen, 1 EL Weizenkleie, 2 TL Senf, ½ TL Quittensenf, 3 EL Waldhonig, Salz, Pfeffer, Thymian*

### ROTKRAUT
*1 kleiner Kopf Rotkraut, 1 Zwiebel, 100g Topfen, Salz, Pfeffer, gemahlener Kümmel, 1 EL Preiselbeermarmelade, 150g Frühstücksspeck, Schuss Rotwein, Öl*

### STRUDEL
*½ kg Mehl, 1 Ei, Schuss Tafelöl, ⅛ l Wasser, Salz*

### ZUBEREITUNG

Das Rehfilet vom Rücken (dem Knochen) lösen, die Haut abziehen, salzen, pfeffern. Die Thymianzweige darauflegen. In einer Pfanne etwas Pflanzenöl hoch erhitzen und das Rehfilet auf beiden Seiten scharf anbraten. Aus der Pfanne nehmen. Für die Honigkruste alle Zutaten vermengen. Das Fleisch damit bestreichen und im vorgeheizten Rohr 15 Minuten bei 180 °C überbacken.

Für den Strudelteig Mehl, Ei, Öl, Wasser und Salz zu einem sehr geschmeidigen Teig kneten. Eine Kugel formen, mit Öl bestreichen, damit er beim Ausziehen nicht reißt. Einen leeren Topf erhitzen, über den Teig stülpen und zwanzig Minuten rasten lassen. Dann die Teigmasse halbieren und zu zwei Kugeln formen. Auf einem Tisch ein großes Tuch ausbreiten, mit Mehl bestreuen, darauf den Teig so dünn ausziehen, dass man darunter eine Zeitung lesen könnte. Mit flüssiger Butter bestreichen, einmal auf der Butterseite übereinanderschlagen, damit er nicht zusammenklebt. Während der Teig rastet, das Rotkraut zubereiten. Speck, Zwiebel und Rotkraut klein schneiden. In einer Pfanne etwas Öl erhitzen und das geschnittene Kraut darin anrösten.

In einer anderen Pfanne ebenfalls Öl erhitzen, Speck und Zwiebel anrösten und diese Masse zum Kraut geben. Mit etwas Rotwein aufgießen. Unter ständigem Rühren fertig garen. Mit Salz, Pfeffer und Preiselbeeren abschmecken. Die Flüssigkeit sollte verdampft, das Kraut aber noch etwas kernig sein. Überkühlen lassen. Diese Mischung auf den Strudelteig auftragen, etwas Topfen darauf bröckeln. Zu Rollen von etwa fünf bis acht Zentimeter Durchmesser formen, mit Ei bestreichen und etwa 35 Minuten bei vorgeheizten 170 °C backen.

# REZEPTE

## GEEISTE SCHÖNBACHER BIERGWÖLB SCHNITTE
Pfarrhofbrauerei, Seite 30

ZUTATEN FÜR 20x30-CM-KAPSEL

KAKAOBISKUIT
*5 Eier, 40g Kristallzucker, ½ Zitrone unbehandelt,
1 Vanillezucker, 85g Kristallzucker, 135g Mehl, glatt,
15g Kakao, Prise Salz*

BIERKARAMELL ZUM TRÄNKEN
*80g Kristallzucker, ⅛l dunkles Bier, 1/16 l Obers*

BIERCREME
*5 Eidotter, 1 EL Honig (ca. 40g), 80g Kristallzucker,
¼l dunkles Bier, ¼l Schlagobers*

ZUM GARNIEREN
*1 Schachtel Biskotten*

ZUBEREITUNG
Für das Kakaobiskuit die Eier trennen. Die Dotter mit 40g Kristallzucker, Vanillezucker und dem Abrieb der Schale einer halben Zitrone schaumig rühren. Das Eiweiß zu festem Schnee schlagen, 85g Kristallzucker und eine Prise Salz unterheben. Die Masse auf ein mit Backpapier ausgelegtes Backblech streichen und im vorgeheizten Rohr bei etwa 200 bis 220°C für 12 bis 15 Minuten backen. Auskühlen lassen.

Für das Bierkaramell den Zucker in einer heißen Pfanne langsam schmelzen und sehr dunkel bräunen lassen, bevor man mit dem Bier ablöscht. Danach fügt man das Obers bei und lässt die Flüssigkeit durchkochen.
Für die Biercreme erwärmt man das Bier und schlägt das Obers. Im Wasserbad vermengt man das Bier mit den Dottern und dem Zucker und erhitzt die Masse unter ständigem Rühren auf 80°C, wobei man die Temperatur mit dem Kernthermometer laufend kontrollieren sollte. Man schlägt die Creme langsam kalt, bevor man das geschlagene Obers unterhebt.
Eine Kastenform mit Klarsichtfolie oder Backpapier auslegen. Das Biskuit dafür in zwei Teile zurechtschneiden. Den ersten Boden mit dem Bierkaramell tränken und in die Form legen. Darauf gibt man schichtweise abwechselnd Biercreme und mit dem Karamell getränkte Biskotten, insgesamt zwei Schichten Biskotten und drei Schichten Creme. Zum Schluss deckt man mit ebenfalls in Bierkaramell getränktem Biskuit ab.
Bis zum Verzehr einfrieren. Vor dem Servieren in eineinhalb Zentimeter breite Schnitten schneiden und mit geschlagenem Obers, Schokoladesauce, Biskotten oder Früchten garnieren.
Rezept von Bäckerei Faltin, Marbach am Walde

# REZEPTE

### AUSGELÖSTE BIOSCHWEINSRIPPERL MIT KNUSPRIGEN CALAMARI UND PETERSILWURZELCREME
Bärenhof Kolm, Seite 32

#### ZUTATEN FÜR 4 PERSONEN
*500g Schweinsripperl vom Bioschwein, 5 Karotten, 5 gelbe Rüben, 1 Sellerie, Prise Salz, Prise Pfeffer, Prise Kümmel, 1 EL Currypulver, 1 EL Paprikapulver, 1/16 l Cola, 8 cl Soyasauce*

#### CALAMARI
*4 Calamarisäcke, 1 Zitrone, Prise Salz, 3 EL glattes Mehl*

#### PETERSILWURZELCREME
*400g Petersilwurzel, 100g Butter, Prise Salz, Prise Pfeffer, Petersilblätter je nach Farbgebung (ca 1 HV), ⅛ l Obers*

#### ZUBEREITUNG
In einer Schüssel Cola, Soyasauce, Salz, Pfeffer, Curry, Paprika und Kümmel vermengen, damit die Ripperl einstreichen und im Rohr bei 140 °C ungefähr eine Stunde braten. Karotten und gelbe Rüben schälen, grob schneiden, darüber legen und mitbraten.
Wenn sich die Knochen leicht vom Fleisch lösen lassen, den Braten herausnehmen und die Knochen entfernen. Dann das Fleisch in kleine Würfel schneiden. Das Gemüse aus der Bratpfanne nehmen und ebenfalls klein schneiden. Fleisch- und Gemüsewürfel in eine Schüssel geben, etwas von der Marinade (nicht die ganze) hineingießen. Durchmengen, in kleine Formen pressen und über Nacht kalt stellen.
Für die Petersilwurzelcreme die Wurzel schälen, klein würfeln. In einem kleinen Topf ¼ l Wasser erhitzen und die Würfel darin 20 bis 30 Minuten zugedeckt weich kochen. Wasser abseihen und die Wurzel in ein Mixgefäß geben. Die Butter in kleine Würfel schneiden und dazufügen. Die Petersilblätter und 1/8 l Schlagobers beigeben. Etwas salzen. Mit dem Stabmixer so lange pürieren, bis es glatt ist.
Für die Calamari die Säcke in Streifen schneiden, mit Zitrone, Salz und Pfeffer würzen, mehlieren und schwimmend in heißem Pflanzenöl herausbacken.
Zum Anrichten die Schweinsripperlpraline auf einen Teller stürzen und im Ofen aufwärmen. Dann die Petersilwurzelcreme auf den Teller pinseln, die heißen Bratenpralinen daraufsetzen und mit Hilfe eines Rosmarinzweiges einen Calamariturm errichten.
Gut geeignet als warme Vorspeise oder warmes Zwischengericht.

# REZEPTE

## BANANENSCHNITTEN
Café-Konditorei Einsiedl, Seite 38

ZUTATEN (BACKBLECH 30 X 40)
*1 kg Bananen, 3 EL Marillenmarmelade, Saft ½ Zitrone*

BISKUIT
*6 Eier, 150 g Kristallzucker, 20 g Vanillezucker, 30 g Maiskeim- oder Sonnenblumenöl, Prise Salz, 160 g glattes Mehl, 2 EL Kakao, Schale ½ Zitrone*

VANILLE-OBERSCREME
*½ l Milch, 50 g Kristallzucker, 1 Vanillepudding (Menge wie für ½ l Milch), 4 cl Rum, 4 Blatt Gelatine, 1 l Schlagobers*

PARISERCREME (GLASUR)
*250 ml Schlagobers, 200 g Kochschokolade*

ZUBEREITUNG

Eier trennen. Zitrone gut waschen und von der Hälfte die Schale fein abreiben. Eigelb mit einem Drittel des Zuckers, Vanillezucker, Zitronenschale und Salz schaumig rühren. Öl mit Kakao vermengen, dazugeben. Eiweiß mit dem restlichen Zucker schaumig rühren. Die Eiweißmasse vorsichtig unter die Eigelbmasse heben. Mehl sieben, unterheben und alles gut mischen. Ein Blech mit Backpapier auslegen, die Masse darauf verstreichen. Im auf 180 °C vorgeheizten Backrohr etwa 15 Minuten backen. Auskühlen lassen, dann mit Marillenmarmelade bestreichen. Mit einem 5 cm hohen Kapselrahmen umstellen.

Die Bananen schälen, der Länge nach halbieren. Mit der Schnittfläche nach unten dicht aneinander auf den Schokobiskuit legen. Mit Zitronensaft bepinseln, damit sie nicht braun werden.

Für die Vanillecreme ein Viertel der kalten Milchmenge mit dem Puddingpulver glattrühren. Restliche Milch mit Kristallzucker und Vanillezucker aufkochen. Die Puddingmischung in die heiße Milch geben und unter ständigem Rühren gut durchkochen lassen. Erkalten lassen.

Die Gelatineblätter in kaltem Wasser aufweichen, ausdrücken. Rum erwärmen, die Blätter darin auflösen. In die erkaltete Puddingmasse einrühren. Obers schlagen und einarbeiten. Über die Bananen verteilen, glatt streichen. Im Kühlschrank festigen lassen.

Für die Pariseremce Obers aufkochen, die Schokolade darin auflösen. Abkühlen, aber nicht fest werden lassen. Die Oberfläche damit glasieren. Kalt stellen und zum Servieren in Schnitten portionieren.

# REZEPTE

## WALDVIERTLER MOHNZELTEN
Waldviertler Mohnhof, Seite 36

ZUTATEN FÜR 25-30 STÜCK

*500g Mehl (glatt), 350g Erdäpfel gekocht und passiert, 130g Staubzucker, 130g zerlassene Butter, 2-3 EL Schlagobers, 2 Eier, 1 Päckchen Backpulver*

MOHNFÜLLE

*500g Mohn gemahlen, 200g Staubzucker, 150g Butter, 3 EL Honig, ca. 1/8 l Milch, 1 Päckchen Vanillezucker, Zimt, 2 EL Rum*

ZUBEREITUNG

Für die Fülle in einem Topf die Butter zerlassen. Den Topf vom Herd nehmen und die restlichen Zutaten unterrühren. Mit etwas Milch zu einer nicht zu weichen Fülle verarbeiten. Daraus kleine Knöderl formen und beiseitestellen.
Für den Teig Mehl mit Backpulver in einer Rührschüssel vermischen. Erdäpfel kochen, schälen und passieren, mit dem Mehl vermengen und den Zucker beifügen. Butter in einer Pfanne zerlassen, Schlagobers sowie die Eier dazugeben. Den Teig gut verkneten.
Den Teig in Stücke teilen und mit den Mohnknöderln füllen, flachdrücken, mit einer Gabel mehrmals anstechen und auf ein befettetes Blech legen. Backrohr auf 200 °C vorheizen und die Zelten darin für insgesamt zwanzig Minuten backen. Nach der halben Backzeit die Zelten wenden und fertigbacken.

## RINDSBRATEN
Monika's Dorfwirtshaus, Seite 40

ZUTATEN FÜR 4 PERSONEN

*1 kg Hüferl vom Rind, 1 TL Senfkörner, 2 EL Estragonsenf, 3 Körner Piment, 1 Lorbeerblatt, 1 TL Pfefferkörner, 1 TL Wacholderbeeren, 1/2 Zitrone mit Schale, 2 Karotten, 1 Sellerieknolle, 1/8 l Rotwein, 1 EL Tomatenmark, 1 kleine Zwiebel, 1/8 l Schlagobers, Salz, Pfeffer*

ZUBEREITUNG

Das Fleisch salzen, pfeffern und mit Senf einstreichen. In einer Pfanne rundherum anbraten.
Sellerieknolle und Karotten schälen und in große Würfel schneiden. Zwiebel schälen, grob würfeln. Das Fleisch aus der Pfanne nehmen und darin das Gemüse scharf in Öl anbraten. Tomatenmark, eine halbe Zitrone (im Ganzen) sowie das Lorbeerblatt und die restlichen Gewürze dazugeben. Gut durchrösten und mit Rotwein ablöschen. Gemüse und Fleisch in eine Bratwanne legen, mit Wasser aufgießen und bei 180 °C zirka zwei Stunden braten.
Nach dem Braten die Zitronenhälfte und das Lorbeerblatt entfernen, den Bratensaft mit dem Mixstab pürieren und mit Schlagobers verfeinern.
Dazu passen Erdäpfelknödel und Rotkraut oder Preiselbeerpfirsich, das sind mit Preiselbeerkompott gefüllte Pfirsichhälften.

# REZEPTE

### MOHNKNÖDEL MIT HOLLERKOCH
Mohnwirt Neuwiesinger, Seite 42

ZUTATEN FÜR 4 PERSONEN
½ kg mehlige Erdäpfel, 1 Ei, 1 EL Butter, 250 g Mehl, Prise Salz

FÜLLE
250 g Waldviertler Graumohn, gemahlen, 80 g Butter, 2 EL Zucker, 1 Packung Vanillezucker, 0,2 cl Rum, Zimt, 1 EL Powidl, 8 EL Brösel zum Wälzen, 80 g Butter für die Brösel

HOLLERKOCH
300 g Holunderbeeren, 3 EL Zucker, ½ Zimtstange, 3 Gewürznelken, ⅛ l Rotwein, 2 EL Mehl, 1/16 l Obers

ZUBEREITUNG
Die Erdäpfel kochen, schälen, passieren und auf ein Arbeitsbrett geben. Ein Ei, einen Esslöffel weiche Butter, Mehl sowie eine Prise Salz dazugeben und gut vermengen. Für die Fülle Butter in einem Topf schmelzen lassen, dann Mohn, Feinkristallzucker, Vanillezucker, Rum, Zimt, Powidl und bei Bedarf etwas kalte Milch verrühren und kaltstellen. Aus dem Teig eine Rolle formen und in 12 Stücke teilen, flachdrücken. Aus der kalten Fülle zwölf kleine Knödel formen und in den Teig einwickeln.
In einem Topf Wasser zum Kochen bringen, salzen, die Knödel vorsichtig hineingleiten und zehn Minuten köcheln lassen. In einer Pfanne Butter schmelzen, die Semmelbrösel darin bräunen. Die fertigen Knödel darin wälzen.
Für das Hollerkoch die Holunderbeeren mit einem Viertel Liter Wasser, Zucker, Zimtstange und Gewürznelken aufkochen. Mehl und Rotwein einrühren und der kochenden Holundermasse beigeben. Einige Minuten weiterkochen und abschließend mit Obers verfeinern.
Koch auf einen flachen Teller geben und die Knödel daraufsetzen. Mit Staubzucker bestreuen.

### KARPFENFILETS MIT ZWIEBELN UND KNOBLAUCH
Gasthaus-Fleischerei Hirsch, Seite 44

ZUTATEN FÜR 4 PERSONEN
800 g Karpfenfilets (8 Stück), 1 große Zwiebel, 4-6 Zehen Knoblauch, 1-2 EL Butter, 1 EL Petersilie, 1-2 EL Mehl zum Mehlieren, Öl zum Anbraten, 800 g Kartoffeln, 1 Bund Petersilie, Salz

ZUBEREITUNG
Zwiebel und Knoblauch schälen und fein schneiden. Die Karpfenfilets waschen, in acht Stücke zerteilen, trocken tupfen, mit Salz und Pfeffer würzen. Mehl auf eine Arbeitsfläche streuen und die Filets darin wenden. Das Mehl abklopfen.
Eine beschichtete Pfanne mit Öl auf mittlerer Stufe erhitzen und die Karpfenfilets darin knusprig anbraten. Karpfenstücke herausnehmen. Butter in die Pfanne geben und Zwiebel und Knoblauch darin goldgelb anrösten.
Karpfenstücke wieder dazugeben, kurz durchschwenken. Gehackte Petersilie darüber streuen.
Die Kartoffeln kochen, schälen. In einer Pfanne einen Esslöffel Butter schmelzen, die Kartoffeln darin schwenken, salzen und Petersilie darüberstreuen. Alles nochmals gut durchschwenken.

KULINARISCHE ENTDECKUNGEN

# REZEPTE

## MIT GRÜNEM SPARGEL GEFÜLLTE HÜHNERBRUST IM SPECKMANTEL UND KRÄUTER-RAHM-SPÄTZLE
Landgasthaus Haude, Seite 52

### ZUTATEN FÜR 4 PERSONEN
*4 Hühnerbrüste (ca. 160g), 4 Scheiben Schinken, 4 Scheiben Käse (Gouda, Edamer), 100g Frühstücksspeck, Grillgewürz (Mischung aus: Knoblauchgranulat, Salz, Pfeffer, Paprika, Kümmel gemahlen), ½l Bouillon*

### GRÜNER SPARGEL
*500g Spargel grün, 1 TL Zucker, Essig, Schuss Zitronensaft*

### SPÄTZLE
*500g Mehl glatt, ½l Milch, 2 Eier, 50g Butter, 50g Mehl glatt, ½l Milch, frische Kräuter nach Geschmack (Brennesselblätter, Majoran, Rosmarin, Thymian, Dille, Schnittlauch, Petersilie)*

### ZUBEREITUNG
Spargel waschen, unten etwa zwei Zentimeter abschneiden. Einen hohen, schmalen Topf mit Wasser füllen, die Spitzen sollen noch aus dem Wasser ragen. Salzen und mit Zucker, etwas Essig und Zitronensaft würzen. Zum Kochen bringen, Spargel zugeben. Sieben bis acht Minuten halb abgedeckt bissfest kochen.

Hühnerfilets säubern. An der schmalen Seite zur Hälfte einschneiden, aufklappen. Die Innenseiten mit je einem Blatt Schinken und Käse belegen. Spargelstangen halbieren und mittig darauflegen. Fleisch zusammenklappen, beidseitig mit der Gewürzmischung würzen.

Frühstücksspeck in dünne Scheiben schneiden und überlappend auf einem Brett auflegen, die Hühnerbrust in den Speck einschlagen. In einer Pfanne mit Deckel Öl erhitzen und etwa 15 Minuten bei mittlerer Hitze braten. Mehrmals wenden, das Fleisch sollte dabei nicht angestochen werden. Herausnehmen. Bratenfond mit Boullion aufgießen, daraus eine Sauce ziehen.

Für die Spätzle Milch, Eier und Mehl zu einem zähen, glatten Teig verrühren, mit etwas Salz würzen. Salzwasser zum Kochen bringen.

In einem Topf Mehl in Butter aufschäumen lassen, mit kalter Milch aufgießen, unter Rühren zu einer dicken Sauce aufkochen. Mit Salz, Pfeffer und Kräutern abschmecken. Teig mittels Spätzlehobel einkochen. Aufkochen lassen, nach einer Minute die Nockerl mit dem Schaumlöffel herausholen. In die Bechamelsauce geben, vorsichtig verrühren.

# REZEPTE

## MALZBIER-SCHWEINERÜCKEN MIT ERDÄPFELKNÖDEL UND BIERKRAUT
Stadthallenrestaurant Schrems, Seite 54

### ZUTATEN FÜR 4 PERSONEN

### BRATEN
*1 kg Schweinerücken, 2 weiße Zwiebeln, 2 Karotten, ½ Sellerie, ½ l Malzbier, 1 EL Honig, 1 EL Majoran, 5 Knoblauchzehen (mittlere Größe), 1 TL Senf, 1 gehäufter TL Salz, 1 TL Kümmel, 3 Lorbeerblätter, 1 gehäufter TL Stärkemehl zum Binden*

### KNÖDEL
*1 kg Erdäpfel (mehlig), 200 g Stärkemehl, 60 g Grieß, Salz, Prise Muskat*

### BIERKRAUT
*½ kg Sauerkraut, ½ l Bier, 1 EL Kristallzucker, 1 weiße Zwiebel, 10 Pfefferkörner, 5 Wacholderkörner, 2-3 Lorbeerblätter, etwas Öl und Butter zum Anrösten*

### ZUBEREITUNG
Den Schweinerücken mit Majoran, dem geschälten und gepressten Knoblauch, Senf, Salz, Kümmel und Honig kräftig einreiben. Karotten, Sellerie und Zwiebeln schälen, grob schneiden und mit dem Fleisch auf ein Blech legen.

Im vorgeheizten Backrohr bei 180 °C etwa zwei Stunden braten. Nach 45 Minuten mit dem Malzbier übergießen und mit einem halben Liter Wasser untergießen. Nach weiteren fünfzehn Minuten den Schweinsrücken wenden, er soll auf allen Seiten eine kräftige, dunkelbraune Farbe annehmen. Nach Ende der Garzeit den Bratensaft in einen Topf abseihen, aufkochen lassen, mit in etwas Wasser gelöstem Stärkemehl binden, nochmals aufkochen lassen und eventuell mit Kümmel und Malzbier abschmecken.

Für die Erdäpfelknödel die Kartoffeln in der Schale weichkochen, schälen und noch heiß durch die Presse drücken. Mit allen Zutaten zu einem festen Teig verkneten, Knödel formen, die dann in gesalzenem Wasser 25 Minuten leicht köcheln.

Für das Bierkraut das Sauerkraut mit Wasser abspülen. Zwiebel in feine Würfel schneiden und in heißem Butter-Öl-Gemisch leicht bräunen, Zucker beimengen, kurz mitrösten lassen. Mit Bier ablöschen, das Sauerkraut beimengen. Mit Wasser knapp bedecken, Gewürze dazugeben und zirka dreißig Minuten dünsten. Mit Salz und Zucker nach Geschmack abschmecken. Auf Wunsch können noch kleine gebratene Speckwürfel beigefügt werden.

# REZEPTE

### WALDVIERTLER MOHNNUDELN MIT MARILLENEIS
Gasthof Hinterlechner, Seite 46

ZUTATEN FÜR 6 PERSONEN

MOHNNUDELN

*500g mehlige Erdäpfel, 100g Kartoffelstärkemehl, 1 Ei, Prise Salz, 80g Butter, 100g Staubzucker, 300g gemahlener Graumohn, Schuss Rum*

MARILLENSORBET

*250g Marillenmark (passierte Marillen), 100ml Sekt, 50g Marillenmarmelade, Saft von ½ Zitrone, 2cl Marillenbrand, 30g Kristallzucker, 30g Wasser*

ZUBEREITUNG

Die Erdäpfel mit der Schale in Salzwasser weich kochen. Dann schälen und im Backrohr bei 100°C ausdampfen lassen. Die heißen Erdäpfel durch die Erdäpfelpresse drücken und mit dem Kartoffelstärkemehl, Ei und einer Prise Salz rasch zu einem Teig verkneten. Zu Rollen formen, kleine Stücke abschneiden und daraus fingerdicke, etwa sieben Zentimeter lange Nudeln wuzzeln. In einem großen Topf Salzwasser aufkochen, die Nudeln darin fünf Minuten ziehen lassen. Aus dem Wasser nehmen, in einem Sieb abtropfen lassen. Butter schmelzen und die Nudeln darin schwenken. Den Mohn und einen Schuss Rum unterheben. Auf Tellern anrichten, mit ein wenig frischem Mohn und Staubzucker dicht bestreuen.
Für das Marillensorbet den Kristallzucker im Wasser einmal aufkochen lassen, abkühlen. Marillen entkernen, mit dem Stabmixer mixen, danach durch ein Sieb passieren. Marillenmark, Marillenmarmelade, Zitronensaft und Zuckerwasser miteinander mixen. Marillenbrand und Sekt zugießen und umrühren. In der Eismaschine oder im Tiefkühlfach (unter wiederholtem Rühren) gefrieren lassen.

### ROGGENVOLLKORNBROT
Kasses Bäckerei, Seite 60

ZUTATEN FÜR 1 BROT

SAUERTEIG

*100g Sauerteig, 200g Roggen-Vollkorn-Backschrot mittel, 200ml Wasser*

QUELLSTÜCK

*400g Roggen-Vollkorn-Backschrot grob, 200g Roggenflocken, 100g Weizenkeime, 50g Speisesalz, 1l Wasser*

TEIG

*1 Kartoffel, 700g feines Roggen-Vollkorn-Backschrot, 100g Weizen-Vollkorn-Backschrot mittel, 30g Hefe, 200ml Wasser*

ZUBEREITUNG

Für den Sauerteig Schrot, Wasser und Sauerteig mischen, dann 16 Stunden zugedeckt bei Raumtemperatur rasten lassen.
Für das Quellstück Roggen-Vollkorn-Backschrot grob, Roggenflocken, Weizenkeime und Salz in eine Schüssel geben. Wasser aufkochen und darüber leeren. Abdecken und über Nacht stehen lassen.
Für den Brotteig den Sauerteig nach der Ruhephase zum Quellstück geben, Roggen-Vollkorn-Backschrot fein und Weizen-Vollkorn-Backschrot mittel, Hefe und handwarmes Wasser beifügen. Kartoffel kochen, schälen, passieren und beigeben. Mit den Händen gut vermischen. Zehn Minuten stehen lassen und nochmals gut vermengen. Den Teig nochmals 60 Minuten ruhen lassen. Zwei Formen mit Öl bestreichen und den Teig darin aufteilen. Etwas aufgehen lassen, dann ins auf 230°C vorgeheizte Backrohr schieben und fallend auf 180°C eineinhalb Stunden backen. Noch im warmen Zustand aus der Form stürzen und auskühlen lassen.

# REZEPTE

### MOHNHEIDELBEERSTRUDEL
Kaffee Konditorei Kainz, Seite 56

ZUTATEN FÜR 1 STRUDEL
*150g Waldheidelbeeren*

GERMTEIG
*600g glattes Mehl, 40g Germ, ¼l Milch, 70g Butter, 70g Zucker, 3 Dotter, Prise Salz*

FÜLLE
*200g Waldviertler Graumohn gemahlen, 200g Zucker, 150g Biskuitbrösel, 100g Margarine, 350g Wasser, 2EL Honig*

ZUBEREITUNG

Für den Teig das Mehl auf die Arbeitsfläche häufen, eine Grube machen, in die man den zerbröselten Germ, lauwarme Milch, zerkleinerte Butter, zwei Dotter und an den Mehlrand noch Zucker und Salz gibt. Mit den Händen zu einem glatten Teig verkneten. Etwa 15 Minuten zugedeckt rasten lassen.
Für die Fülle das Wasser in einem großen Topf zusammen mit dem Zucker, Honig und der Margarine zum Kochen bringen. Vom Herd nehmen, die Biskuitbrösel und den geriebenen Mohn unterrühren. Die Fülle bereitet man am besten am Vorabend zu, denn zum Weiterverarbeiten soll sie erkaltet sein.
Teig auf einer bemehlten Arbeitsfläche etwa drei Millimeter dünn zu einer rechteckigen Form ausrollen. Die Mohnfülle gleichmäßig verstreichen. Die gewaschenen Heidelbeeren darauf verteilen. Zu einem Strudel zusammenrollen. Ecken einschlagen.
Backpapier auf ein Backblech legen, den Strudel mit der Naht nach unten darauf legen und mit Dotter bestreichen. Zwanzig Minuten rasten lassen, dann im vorgeheizten Backrohr bei 190 °C etwa 30 bis 35 Minuten backen. Auskühlen lassen und portionieren.

### TAFELSPITZ MIT BEILAGEN
Rasthof Stefanie, Seite 58

ZUTATEN FÜR 4 PERSONEN
*1kg Tafelspitz mit Fettranderl, 2 Karotten, 1 Petersilwurzel, 1 gelbe Karotte, ¼ Sellerieknolle, 1 Zweig Liebstöckl, 2 Zweige Petersilie*

SEMMELKREN
*½l Milch, 2 Semmeln, frischer Kren*

RÖSTKARTOFFELN
*½kg Erdäpfel, ½ große Zwiebel, ½EL Butterschmalz*

ZUBEREITUNG

Karotten, Sellerie und Petersilknolle schälen. In einem großen Topf gesalzenes und gepfeffertes Wasser zum Kochen bringen. Das Fleisch einlegen. Aufkochen lassen und auf kleiner Flamme etwa eine bis eineinhalb Stunden pro Kilo Fleisch ziehen lassen. Nach einer halben Stunde Kochzeit gibt man das Wurzelgemüse, Liebstöckl und Petersilie dazu und lässt weiterköcheln, bis das Fleisch gar ist. Man nimmt es aus dem Wasser und schneidet es in dünne Scheiben. Eventuell etwas mit Salz und Pfeffer abschmecken.
Für den Semmelkren die Milch aufkochen. Salzen und pfeffern. Die würfelig geschnittenen Semmeln in die kochende Milch geben, durchrühren, nur kurz ziehen lassen. Kren nach Geschmack reiben und beifügen.
Für die gerösteten Erdäpfel die Zwiebel schälen und klein schneiden. In einer Pfanne das Butterschmalz auf mittlerer Stufe erhitzen und die Zwiebel anschwitzen. Die Erdäpfel kochen, schälen und blättrig schneiden. Mit der Zwiebel mitrösten, salzen.
Weitere Beilagen nach Saison wie Spinat, Fisolen oder Schwammerlsauce eignen sich ebenso gut dazu wie gemischtes Gemüse.

# REZEPTE

### BEEF TATAR
Restaurant K12, Seite 62

ZUTATEN FÜR 4 PERSONEN

*500g Filet vom Waldviertler Blondvieh, 2 Schalotten, grobes Meersalz, 4 EL Olivenöl, 15 Körner vom tasmanischen Bergpfeffer, ganz, 4 Essiggurkerl, 8 Kapernbeeren, 4 Scheiben Toastbrot, 1 Kopf Lollo Rosso, 1 Kopf Eichblattsalat*

MARINADE

*Prise Salz, Prise Zucker, frisch gemahlener Pfeffer, Balsamicoessig und Olivenöl nach Geschmack*

ZUBEREITUNG

Das Rindfleisch sehr fein mit dem Messer schneiden, nicht hacken oder faschieren. Schalotten schälen, einige Ringe für die Dekoration belassen, den Rest feinwürfelig schneiden, zum Rindfleisch geben. Die Körner des tasmanischen Bergpfeffers mit dem Messer leicht quetschen, dann fein schneiden und zum Fleisch geben. Eine Prise Meersalz und Olivenöl dazugeben. In einer Glasschüssel mit einem Löffel rühren, auf die Teller anrichten.
Essiggurkerl in Fächer schneiden, Kapernbeeren am Boden abschneiden, damit sie stehen, auf die Teller anrichten. Schalottenringe und Essiggurkerl auf Teller drapieren. Toastbrot toasten. Auf den Teller legen.
Für die Marinade alle Zutaten gut verrühren, Salate waschen, in einer Schüssel marinieren und einzelne Blätter auf die Teller geben.

### NØRDERD BASILTINI
Nørderd GmbH, Seite 64

ZUTATEN FÜR 1 GLAS

*5 cl Nørderd Pure Potato Vodka, 5 cl Limettensaft, 5 cl Basilikumsirup, Eis, 1 Zweig Basilikum als Dekoration*

BASILIKUMSIRUP

*1 Bund (Topf) frisches Basilikum, 300 ml Wasser, 300g brauner Rohrzucker, 2 unbehandelte Zitronen*

ZUBEREITUNG COCKTAIL

Alle Zutaten mit viel Eis kräftig shaken und in ein vorgekühltes Cocktailglas abseihen. Man kann auch ein schönes Weinglas verwenden. Mit einem Zweig frischem Basilikum dekorieren.

ZUBEREITUNG BASILIKUMSIRUP

Am besten schmeckt der Cocktail mit selbstgemachtem Basilikumsirup.
Das Basilikum am Vormittag ernten, dann hat es am meisten Aroma, putzen und die Blätter abzupfen. Die Zitronen dünn schälen. Eine Zitrone auspressen. In einem Topf das Wasser erhitzen, den Zucker darin auflösen und aufkochen. Basilikum, Zitronenschale und Zitronensaft ins kochende Wasser geben.
Abkühlen lassen, dann in ein weithalsiges Glas gießen und zugedeckt drei Tage in die Sonne stellen. Ein Küchentuch in ein Sieb geben und die Flüssigkeit filtern.
Nochmals aufkochen, in saubere Flaschen füllen, gut verschließen, kühl und dunkel lagern.

# REZEPTE

### WIENER ZWIEBELROSTBRATEN
### MIT BRATKARTOFFELN
Wiaz'haus Kern, Seite 68

ZUTATEN FÜR 4 PERSONEN

*4 Scheiben Beiried (à 200 g), 400 ml Rinderfond oder Suppe, 800 g mittelgroße, festkochende Kartoffeln, 3 Zwiebeln, 30 g Butter, 1 EL Mehl, 1 Essiggurkerl, Salz, Pfeffer, Öl*

ZUBEREITUNG

Die Kartoffeln waschen und in Salzwasser etwa zwanzig Minuten kochen, dann abgießen und schälen. Zwiebeln schälen und in Ringe schneiden.
Das Fleisch trocken tupfen, den Fettrand einige Male einschneiden, damit es sich beim Anbraten nicht aufdreht. Mit Salz und Pfeffer würzen.
Die Kartoffeln in Scheiben schneiden. Butter in einer Pfanne erhitzen und die Kartoffelscheiben darin goldbraun anbraten, mit Salz und Pfeffer würzen.
Etwas Öl in einer zweiten Pfanne erhitzen, das Fleisch darin von beiden Seiten kräftig anbraten. Herausnehmen und warm stellen. Den Bratenrückstand mit Mehl stauben und mit dem Fond ablöschen. Aufkochen und eine Minute köcheln lassen, dann mit Salz und Pfeffer abschmecken.
Zwiebeln mit Mehl bestäuben und in heißem Öl hellbraun frittieren.
Rostbraten mit der Zwiebelsauce, den Bratkartoffeln, den Röstzwiebeln und dem Essiggurkerl anrichten.

### ECHSI-PFANDL
Gasthaus Josef Klang, Seite 70

ZUTATEN FÜR 4 PERSONEN

*4 Filetspitzen, 250 g Champignons, 1 Zwiebel, etwas Butter, 1 EL Mehl, 250 ml Gemüsebrühe, 250 ml Obers, 1 EL Petersilie, Salz, Pfeffer*

SPÄTZLE

*400 g Mehl, 4 Eier, 100 ml Milch, Salz*

ZUBEREITUNG

Champignons putzen und feinblättrig schneiden. Zwiebel schälen und fein hacken. Butter in einem Topf schmelzen, Zwiebel und Champignons darin anbraten. Mit Mehl stauben und mit Gemüsebrühe und Obers aufgießen.
Die Filetspitzen mit Salz und Pfeffer würzen. In einer Pfanne Butter schmelzen, das Fleisch darin anbraten und weich dünsten.
Filetspitzen mit der Champignonsauce vermengen, eventuell mit Obers verdünnen und gehackte Petersilie dazugeben.
Für die Spätzle Mehl, Milch, Eier und Salz zu einem Spätzleteig verarbeiten, bis er Blasen wirft. Das geht mit einem Lochlöffel oder mit den Händen am besten. Wenn der Teig zäh von dem Löffel fließt, ohne zu reißen, hat er die richtige Konsistenz. Andernfalls gibt man mehr Milch oder Mehl dazu.
In einem großen Topf Salzwasser zum Kochen bringen und den Teig durch ein Spätzlesieb hineindrücken. Aufkochen lassen und wenn die Spätzle aufsteigen, herausnehmen.

# REZEPTE

## SELCHFLEISCHKNÖDEL AUF PFEFFERSAUCE
Klang Knödel, Seite 72

ZUTATEN FÜR 4 PERSONEN
*4-8 Selchfleischknödel*

SAUCE
*8 TL Pfeffer, bunt, geschrotet, 12 EL Pfeffer, bunt, ganz, 8 EL Öl, 8 EL Butter, 400 ml Rindsuppe, 400 g Crème fraîche, etwas Mehl, Salz, Pfeffer*

ZUBEREITUNG
In einem großen Topf Wasser zum Kochen bringen. Je nach Hunger pro Person einen oder zwei Selchfleischknödel aus der Folie wickeln und zwanzig Minuten kochen. Für die Pfeffersauce Öl und Butter in einer Pfanne erhitzen. Pfeffer und Pfefferkörner dazugeben und etwas anschwitzen. Mit der Suppe ablöschen und auf die Hälfte einkochen lassen. Vom Herd nehmen. Die Crème fraîche mit etwas Mehl verrühren, bevor man sie der Suppe beigibt. Mit Salz und Pfeffer nochmals abschmecken und noch einmal kurz aufkochen lassen.

## SAFTIGER MOHNGUGLHUPF
Der Zuckerbäcker, Seite 74

ZUTATEN FÜR 1 GUGLHUPF
*125 g Butter, 85 g Staubzucker, 4 Dotter, 1 Msp. Zimt, Schuss Rum, 4 Eiklar, 85 g Kristallzucker, 125 g Waldviertler Graumohn, gemahlen, 85 Haselnüsse, gerieben, 40 g Mehl, 2 g Backpulver*

ZUBEREITUNG
Die zimmerwarme Butter mit dem Staubzucker, den Dottern, Zimt und Rum schaumig rühren.
Die Eiklar mit dem Kristallzucker zu einem steifen Schnee schlagen. Unter die Buttermasse melieren, den Waldviertler Graumohn, die Haselnüsse, Backpulver und das Mehl darunter heben.
Eine Guglhupfform mit Butter ausstreichen, mit Mehl ausstauben, die Masse einfüllen und bei 180 °C etwa 40 Minuten im vorgeheizten Backrohr backen.
Leicht überkühlt stürzen und mit Staubzucker bestäuben.

Variante: Mit Wachauer Marillenmarmelade apricotieren. Hierfür etwa 5 Esslöffel Marillenmarmelade in einem Topf erhitzen, mit einem Pinsel den Guglhupf damit bestreichen. Erkalten lassen und mit Schokolade glasieren. Für die Glasur drei Rippen Kuvertüre im Wasserbad schmelzen und entweder mit etwas geschmolzener Butter (etwa einem Teelöffel) oder einem Stamperl Obers vermengen und über den Kuchen gießen.

# REZEPTE

## WALDVIERTLER KALBSFILET IM WIESENHEU MIT ERDÄPFEL-BÄRLAUCHSTRUDEL
Hotel Schwarz Alm, Seite 78

ZUTATEN FÜR 4 PERSONEN
*1 Kalbsfilet (ca. 700g), 1 Zweig Thymian, 500ml Zwettler Original Bier, 1 HV entstaubtes Wiesenheu, Salz, Pfeffer*

SAUCE (200 ML)
*1 Zweig frischer Thymian, 1 Zweig Rosmarin, 20g Butter, 250ml Kalbsfond, 2 EL Olivenöl, 200g Kalbsknochen, 4 EL Lauch, grob gewürfelt, 4 EL Sellerie, grob gewürfelt, 1 Zwiebel, mittelgroß, 1 Karotte, 1 Knoblauchzehe, 1 Speckschwarte, 100ml Portwein, 100ml Rotwein, 1 l klare Rindsuppe*

ERDÄPFEL-BÄRLAUCHSTRUDEL
*4 Blätter Strudelteig, 400g festkochende Erdäpfel, 1 große Zwiebel, 6 EL gehackter Bärlauch, 4 klein gehackte Knoblauchzehen, 3 Eier, 1 TL geschroteter Kümmel, 1 TL Majoran, 250ml Sauerrahm*

ZUBEREITUNG
Kalbsfilet in einer Pfanne kurz in Öl anbraten und mit Salz und Pfeffer würzen. In ein Reindl das entstaubte und angefeuchtete Heu, darüber die Kräuterzweige, darauf das Fleisch legen. Das Reindl mit Alufolie bedecken und bei 170 °C Umluft zirka zehn Minuten im vorgeheizten Rohr braten. Weitere zehn Minuten zugedeckt rasten lassen.
Für den Kalbsfond die Knochen mit dem zugerüsteten (grob gewürfelten) Gemüse, Kräutern, der fein gewürfelten Zwiebel und der Speckschwarte im Olivenöl leicht anrösten. Mit Rotwein ablöschen und die Flüssigkeit stark einkochen lassen. Etwa einen Liter klare Suppe zufügen, sodass alle Knochen bedeckt sind. Langsam, zirka drei Stunden lang einkochen lassen, bis die Flüssigkeit auf etwa 200 Milliliter reduziert ist. Durch ein Sieb abgießen und zur gewünschten Konsistenz einkochen.
Für die Sauce den Kalbsfond mit Butter verfeinern und nochmals mit Salz und Pfeffer pikant abschmecken.
Für den Strudel die Erdäpfel kochen, schälen, mit der Erdäpfelpresse ausdrücken. Den Sauerrahm mit Eidotter vermengen.
Restliche Zutaten zu den Erdäpfeln geben, gut vermischen. Eiweiß steif aufschlagen, unterheben.
Strudelteig ausrollen. Erdäpfelmasse daumendick auf dem Teig verteilen. Strudel einrollen, mit etwas zerlassener Butter bestreichen und bei zirka 170 °C Heißluft für 25 bis 30 Minuten goldgelb backen.

# REZEPTE

## WALDVIERTLER REINDL
Das Dorftreff, Seite 76

### ZUTATEN FÜR 4 PERSONEN
*800 g Schweinsfilet, 16 Streifen Hamburgerspeck, dünn geschnitten, 2 mittelgroße Karotten, 4 mittelgroße Kartoffeln ¼ l Schlagobers, ¼ l klare Suppe, Salz, Pfeffer, Kräuter nach Geschmack (Petersilie, Schnittlauch), 1 EL Rapsöl, ⅛ l Schlagobers zum Garnieren*

### ZUBEREITUNG
Schweinsfilet in zentimeterdicke Scheiben schneiden. Das Öl in einer Pfanne erhitzen, die Fleischstücke darin goldbraun braten. Speckstreifen in dünne Fäden schneiden, zu dem gerösteten Fleisch in die heiße Pfanne geben, etwas mitbraten, bis sie knusprig sind. Dann mit der Suppe aufgießen, alles aufkochen lassen, das Obers hinzufügen und auf kleiner Flamme vier bis fünf Minuten köcheln lassen.
Für die Beilagen die Kartoffeln in der Schale kochen, schälen, vierteln, salzen und pfeffern sowie mit den gehackten Kräutern bestreuen.
Karotten schälen, in rautenförmige Stücke schneiden. In einem Topf etwa einen dreiviertel Liter Wasser mit einem Teelöffel Salz zum Kochen bringen. Die Karottenstücke dazugeben und bissfest kochen. Wasser abseihen, gegebenenfalls nachsalzen. Zum Servieren die Kartoffeln und die Karotten zum Fleisch geben.
Das Schlagobers steif schlagen. Auf die Speise in der Pfanne als Garnierung aufdressieren. Wiederum mit Kräutern bestreuen.

Variante 2: Das Fleisch wie oben zubereiten. Die gekochten Kartoffeln und die gekochten Karottenstücke in einer Pfanne anschwitzen, etwas rösten, salzen und goldbraun braten. Zum Anrichten die Beilagen in die Pfanne mit dem Fleisch geben, würzen, mit Kräutern bestreuen und servieren.

## WILDSCHWEINSTEAK MIT STEINPILZSAUCE
Gasthof Gamerith, Seite 84

### ZUTATEN FÜR 4 PERSONEN
*800 g Wildschweinlungenbraten, 300 g Steinpilze (oder andere Pilze), 1 kleine Zwiebel, 2-3 Knoblauchzehen (fein gehackt), 150-200 ml Rindsuppe oder Wasser mit etwas Suppenwürze, 150 ml Schlagobers, 1 Prise Paprikapulver, Pfeffer aus der Mühle, Salz, 2 EL Butter zum Braten, Pflanzenöl, 2 EL Petersilie, frisch gehackt, Kümmel nach Geschmack*

### ZUBEREITUNG
Die Filetstücke bei Bedarf noch zuputzen, das heißt, die Sehnen und Fettreste entfernen. Salzen und aus der Mühle Pfeffer darüber streuen. Zehn bis fünfzehn Minuten ziehen lassen.
Währenddessen die Steinpilze gut putzen, aber möglichst nicht waschen. Klein schneiden. Die Zwiebel schälen und fein hacken. In einer Grillpfanne etwas Öl erhitzen, die Filets rundum kräftig anbraten. Die Hitze reduzieren, dann je nach Stärke der Steaks und gewünschtem Garungspunkt zwischen fünf und zehn Minuten braten. Herausheben, in Alufolie wickeln und rasten lassen.
Das überschüssige Fett aus der Pfanne abgießen und die frische Butter darin erhitzen, dann die gehackte Zwiebel dazugeben und kurz anschwitzen. Knoblauch schälen, fein hacken, mit den geschnittenen Pilzen in die Pfanne geben. Man brät so lange, bis die entstehende Flüssigkeit verdampft ist, und löscht dann mit Rindsuppe ab. Aufkochen lassen, das flüssige Obers beigießen und köcheln, bis die Sauce eine sämige Konsistenz hat. Kräftig mit Salz, Pfeffer und Kümmel abschmecken. Die Steaks aus der Folie wickeln und auf vorgewärmten Tellern anrichten. Den in der Folie zurückgebliebenen Steaksaft dabei zur Sauce gießen. Gehackte Petersilie unterrühren und die Steaks damit umgießen.

# REZEPTE

## REHRÜCKEN VOM MAIBOCK MIT MOHNHAUBE, KNÖDELROULADE, SPECKFISOLEN UND ZWIEBELMARMELADE
Gasthof Schindler, Seite 86

ZUTATEN FÜR 4 PERSONEN
*200g Rehrücken, Salz, Pfeffer*

KRUSTE
*100g Butter, 2 Eidotter, 50g geriebener Mohn, 50g Brösel*

WILDJUS
*350g Rehknochen, 1 EL Schmalz oder Öl, 80g Karotten, 80g Sellerie, 400ml Rotwein, 50g Tomatenmark, 15 Pfefferkörner, 2 Lorbeerblätter, 6 Wacholderbeeren, 1l Gemüsefond*

KNÖDELROULADE
*250g Kartoffeln, 2 Eier, 50g Kartoffelstärke, Muskat*

ZWIEBELMARMELADE
*2 Zwiebeln, 1 EL Butter, 1 EL Zucker, 200ml Rotwein*

SPECKFISOLEN
*40g Fisolen, 2 Scheiben Speck*

ZUBEREITUNG
Rehrücken aus der Mühle salzen und pfeffern. Mit Öl von allen Seiten scharf anbraten.
Für die Zwiebelmarmelade die Zwiebeln kleinwürfelig schneiden, in Butter anrösten, Zucker dazugeben und karamellisieren lassen. Mit Rotwein aufgießen, bis zur gewünschten sämigen Konsistenz einkochen.
Für die Erdäpfelroulade Kartoffeln schälen, vierteln und in Salzwasser weich kochen. Abseihen und auf eine Arbeitsfläche pressen. Eidotter unterrühren, mit Salz und Muskat würzen. Eiweiß schlagen und unter die Kartoffelmasse heben. Stärke unterrühren, eine Rolle formen. Diese in Klarsichtfolie, darüber in Alufolie wickeln. Etwa 30 Minuten in Salzwasser kochen.
Für den Jus die Knochen in Öl oder Schmalz dunkel rösten. Gemüse kleinwürfelig schneiden, mit dem Tomatenmark beigeben, weiter rösten. Mit Rotwein aufgießen, einkochen lassen und mit Gemüsefond aufgießen. Wacholderbeeren, Pfefferkörner und Lorbeerblätter beifügen. Bis zur sämigen Konsistenz kochen, dann sieben.
Für die Kruste die handwarme Butter schaumig rühren, Dotter beifügen, salzen, pfeffern, Mohn und Brösel unterrühren.
Für die Speckfisolen die Bohnen fünf Minuten kochen, kalt abschrecken. Die Speckscheiben in einer Pfanne knusprig rösten, warm stellen. Die Bohnen darin wärmen.
Die Kruste dünn auf den Rehrücken auftragen und bei 220°C Oberhitze ca. 6 Minuten im Backrohr backen. Die Knödelroulade aufschneiden und in Butter knusprig braten.

# REZEPTE

### EINGEBRANNTE ERDÄPFEL MIT SCHWEINSLUNGENBRATEN UND ESSIGKAPERN
Braugasthaus Zum Fiakerwirt, Seite 88

ZUTATEN FÜR 4 PERSONEN
*600g Schweinslungenbraten, 20g Butterschmalz, 40g Essigkapern, 500g speckige Erdäpfel, 60g Zwiebeln, 20ml Öl, 20ml Essig, 120ml Essiggurkerlwasser, 100g Essiggurkerl, 50g Mehl, ca. 400ml Rindsuppe, Prise Majoran, Prise Thymian, Prise Zucker, 1 Lorbeerblatt, Salz, Pfeffer*

ZUBEREITUNG
Für die eingebrannten Erdäpfel die Kartoffeln in Salzwasser kochen, anschließend schälen und blättrig schneiden. Zwiebel schälen und fein hacken. Aus Essig, Öl, gehackten Zwiebeln, Salz und Pfeffer eine Marinade ansetzen. Die geschnittenen Erdäpfel darin etwa 30 Minuten ziehen lassen. In einem Topf das Öl erhitzen und mit dem Mehl eine Einbrenn bereiten. Mit dem Essiggurkerlsaft ablöschen und mit Rindsuppe aufgießen. Glatt rühren, zwei, drei Prisen Majoran und Thymian und ein ganzes Lorbeerblatt dazugeben. Aufkochen lassen und mit einer Prise Zucker, Salz und 10ml Essig würzen.
Die marinierten Erdäpfel abseihen und in die Einbrenn geben.
Essiggurkerl in Scheiben schneiden und zur Einbrenn geben. Aufkochen und abschmecken.
Den Schweinslungenbraten zuputzen (von Sehnen befreien) in doppeldaumendicke Scheiben schneiden, pfeffern und salzen. Butterschmalz in einer Pfanne erhitzen und die Medaillons von beiden Seiten anbraten, bis das Fleisch oben glasig wird, dann wenden. Zugedeckt fünf Minuten rasten lassen.
Außer Filets passen zu den eingebrannten Erdäpfeln auch gekochtes Ei, Augsburger, gebratene Braunschweiger oder Koteletts.

### MOHNSCHMARREN
Gasthaus Gutmann Zur schönen Aussicht, Seite 94

ZUTATEN FÜR 4 PERSONEN
*70g Butter, 50g Staubzucker, 4 Dotter, 4 Eiklar, 25g Semmelbrösel, 65g Rotwein, 10g Honig, 1 Msp. Zimt, 100g Mohn gemahlen*

ZUBEREITUNG
In einer Mixerschüssel salbenweiche Butter mit der Hälfte des Staubzuckers und dem Honig mit dem Mixer schaumig schlagen. Die Eier trennen und die Dotter einzeln beifügen, dabei weitermixen. In einer kleinen Schüssel Brösel und Rotwein vermischen. Die Eiklar mit dem restlichen Zucker schaumig schlagen.
Den gemahlenen Mohn nochmals mit einer Mohnmühle sehr fein mahlen. Danach mit dem Kochlöffel den Mohn und die Rotweinbröselmischung in die Dottermasse einrühren. Den geschlagenen Schnee vorsichtig unterheben. Eine beschichtete Pfanne mit Butter ausschmieren und die Masse darin gleichmäßig verteilen. Im auf 200 °C vorgeheizten Backrohr mit Heißluft zirka zwanzig Minuten backen. Mit Honig und Staubzucker servieren.
Serviervorschlag: mit Zwetschkenröster oder Rotweineis kombinieren.

# REZEPTE

## SCHWEINSKARREESTEAK VOM DONAULANDSCHWEIN MIT ERDÄPFEL-GEMÜSEGRÖSTL UND HAUSGEMACHTER PAPRIKAMARMELADE
Cobaneshof, Seite 92

### ZUTATEN FÜR 4 PERSONEN
*4 Schweinskarreesteaks à 200 g, 5 EL Traubenkernöl, Salz, Pfeffer*

### GRÖSTL
*400 g speckige Erdäpfel, 400 g Gemüse (zum Beispiel Karotten, Paprika, Lauch, Zucchini, Schwammerl), 50 g Butter*

### MARMELADE (5 GLÄSER À 200 ML)
*1 kg halbierte, entkernte, geputzte rote Paprika, 600 g Rohrzucker, 1 Chilischote*

### ZUBEREITUNG
Für die Marmelade Paprika halbieren, entkernen, putzen und in kleine Stücke schneiden. In einem Topf ¼ l Wasser erhitzen. Salz, Chili und Paprikastücke dazugeben und bei geringer Hitze zugedeckt weich dünsten. Mit dem Rührstab pürieren, Zucker beigeben und erneut aufkochen. Unter häufigem Rühren so lange köcheln, bis die Marmelade eingedickt ist. Dies dauert etwa zehn bis fünfzehn Minuten.

Für das Schweinskarreesteak das Fleisch mit Salz und Pfeffer würzen. In einer beschichteten Pfanne Öl erhitzen und die Steaks goldbraun braten. Dann im warmen Backrohr etwa zehn Minuten rasten lassen.

Für das Erdäpfel-Gemüsegröstl die Erdäpfel weich kochen, schälen, in Scheiben schneiden und in einer beschichteten Pfanne mit der Butter langsam goldbraun braten. Das Gemüse waschen oder putzen und in kleine Stücke schneiden. Karotten leicht blanchieren, das restliche Gemüse roh zu den Kartoffeln geben und mit Salz und Pfeffer würzen. Das Schweinskarreesteak auf dem Gröstl mit der Paprikamarmelade auf Tellern anrichten und servieren.

JÄGERTEICH BEI WAIDHOFEN

REBSTÖCKE BEI DER ALTEN MÜHLE IN RETZ

# FARBIGES WEINVIERTEL

*Violetter Edelstein und Grüner Edelsaft beim Austernriff über dem Meeressand*

Die Farbe scheint über ihrem Körper zu schweben. Ein zartes Rosa mit irisierendem Glanz. Sie ist der vielleicht überraschendste Fund, den Schatzgräber im Weinviertel je machten. Im größten fossilen Austernriff der Welt fanden sie vor einigen Jahren auch sie, die größte fossile Perle. Sie ist an ihrem Fundort ausgestellt, eine Hinterlassenschaft aus jener Zeit, als dieses Gebiet ein tropisches Meer war. Siebzehn Millionen Jahre ist das her. Die Fossilienwelt versetzt mit diesen und vielen anderen unerwarteten Exponaten die Besucher in Erstaunen.

Violett schimmert die Amethystwelt von Maissau, mit der größten freigelegten Amethystader der Welt. Sie präsentiert auch ihre schönsten Funde und vermittelt multimedial Informationen über die Geschichte und Mystik dieses Steines. Auf dem Schatzgräberfeld gibt es sogar eine Schürfgarantie, denn wer keinen Stein findet, erhält einen Rohamethyst, den er auch vor Ort schleifen lassen kann.

Der Heldenberg hingegen, letzte Ruhestätte des Feldherrn Radetzky, Namensgeber eines berühmten Marsches, ist unter anderem der Urlaubsort der strahlend weißen Lipizzaner. Hervorragende Bedingungen für ein abwechslungsreiches Programm für die ganze Familie mit Zinnfigurendioramen historischer Schlachten. Beim Kreisgraben eines neolithischen Dorfs können Kinder den Bogen spannen und Brot backen lernen.

KULINARISCHE ENTDECKUNGEN

Geschichtlich bedeutsame Architekturensembles wie der Hauptplatz von Retz mit seinem berühmten bleigrauen Sgraffitohaus vermitteln das Flair längst vergangener Zeiten. Unter dem pittoresken Stadtkern liegt eine exotische Erlebniswelt von ganz besonderem Ausmaß verborgen: Österreichs größter historischer Weinkeller. Ein Labyrinth von etwa zwanzig Kilometern Länge wurde teilweise dreigeschossig in den Meeressand gegraben. Doch auch moderne Architekten tragen sich mit feinem Gespür für Harmonie und Ästhetik immer wieder ins Buch der niederösterreichischen Kunstgeschichte ein.

Der größte Schatz des Weinviertels ist aber dem Namen nach grün, obwohl er zu den Weißen gehört. DAC – Districtus Austriae Controllatus ist das Gütesiegel, an dem in Österreich gebietstypische Weine zu erkennen sind. Er muss einem bestimmten Geschmacksbild entsprechen und dessen Herkunft garantieren. Weinviertel DAC steht für den typischen Grünen Veltliner mit seinem fruchtigen Bukett und dem pikanten Pfefferl im Abgang. Allerdings werden auch Reben anderer Sorten in einem der schönsten Weinbaugebiete der Welt angebaut und zu Spitzenweinen gekeltert. Auf der meterdicken Lössschicht am Wagram etwa gedeihen neben dem Grünen zudem der seltene Rote Veltliner und der Blaue Zweigelt. Schon immer schenkten die Winzer in ihren Höfen den eigenen Wein aus, eine Tradition, die es so sonst kaum auf der Welt gibt. Österreichische Weingüter stehen nämlich Besuchern offen. Ein Buschen vor dem Winzerhaus zeigt an, dass „ausg'steckt" ist, das heißt, der Heurige geöffnet hat. Im Rhythmus von mehreren Wochen halten die Betriebe dann wieder geschlossen, um Rebensäfte und regionstypische Schmankerln produzieren zu können. Entlang der Weinhügel und der pittoresken Kellergassen, in denen sich ein Presshaus an das andere reiht, können Radfahrer auf einem Wegnetz von rund 1.600 Kilometern Länge und Autofahrer auf etwa 800 Streckenkilometern außer diesen noch viele weitere Schätze entdecken. Und dabei die Farben an den Hängen und auf den Hügeln, über den Ebenen und entlang der Gewässer wachsen sehen.

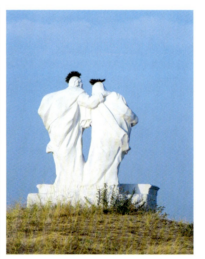

WEINVIERTLER HÜGELLANDSCHAFT

# TIROLER STUB'N IM WEINVIERTEL

*Leicht erreichbar, gut versteckt*

ROSA GEBRATENES SCHWEINSFILET IM SPECKHEMD AUF EIERSCHWAMMERL À LA CREME MIT KRÄUTERTALERN
*Dieses Rezept finden Sie auf der Seite 170*

Eine Kurzsaison in Tirol regte seine Vorstellung von gastlicher Gemütlichkeit so sehr an, dass Jürgen Walzer später, als er den Traum vom eigenen Gasthaus auf dem elterlichen Bauernhof in Niederösterreich verwirklichen konnte, eigens einen Tischler und einen Ofensetzer aus Tirol engagierte, um seine Stube nach hochalpiner Bautradition anfertigen zu lassen. In dieser können bis zu achtzig Personen beisammen sein, barrierefrei, denn „man muss es dem Gast so angenehm wie möglich machen". Auch der großzügige Gastgarten aus Altholz nimmt den rustikalen Stil auf.

Mit seiner Küche bleibt der leidenschaftliche Koch, gelernter Landwirt und Fleischer, jedoch ganz in der niederösterreichischen Region. Er erarbeitete sich so den Ruf, ein sehr gutes Landgasthaus in ruhiger Lage zu führen dessen Preis-Leistungs-Verhältnis stimmt. Unterstützung erhält er vor allem von seiner Frau Christina, seiner Schwester und seiner Mutter, die für das Wohl der Gäste sorgen. Sie engagieren sich nicht nur bei Veranstaltungen in der gediegenen Florianistube, der gemütlichen Gaststube oder im Herzstück, der Tiroler Stube, sondern auch dann, wenn Jürgen „Speisen zum Fest außer Haus" vorbereitet. Sein Vater betreut noch die Landwirtschaft, seine Hände halfen beim Aufbau des Betriebs kräftig mit.

„Aus regionalen Zutaten verschiedene Gerichte zu kreieren, das interessiert mich. Trotzdem möchte ich bodenständig bleiben. Aber meine ländliche Hausmannskost und das saisonale Tagesmenü sollen den Gästen so gut schmecken, dass sie bald wiederkommen." Viele tun dies schon regelmäßig seit der Eröffnung im Jahr 2007.

Zu einem guten Essen gehört guter Wein. „Er stammt bei uns ausschließlich von Winzern aus der unmittelbaren Umgebung. So, wie ich das Gemüse der Saison hauptsächlich von unseren Bauern im Ort beziehe."

FLORIANIHOF
Jürgen Walzer
*Florianigasse 2, A-3711 Großmeiseldorf*
*Telefon 00 43 (0) 29 56 / 25 35*
*florianihof@gmx.net*
*www.florianihof-walzer.at*

# DAS GUT DER GÜTER

*Wo Grundsätze zu feinem Geschmack werden*

ROSA REHRÜCKEN MIT PETERSILWURZELPÜREE,
EIERSCHWAMMERL UND MARILLEN
*Dieses Rezept finden Sie auf der Seite 172*

Die gotische Kapelle aus dem Jahre 1327 ist der erste Blickfang, der Besucher des Guts Oberstockstall gefangen nimmt. Wer dort heiratet, kann dann im Oleandergarten von Eva Salomon, im holzbeheizten Wintergarten oder im Salon bei einer Festtafel, bei Musik und Tanz feiern und anschließend in einem der Zimmer im ältesten Teil nächtigen. Familie Salomon, die den ehemals zum Passauer Domkapitel gehörenden Gutshof seit 1857 besitzt, achtet sorgsam auf die Geschichte, die hier aus dem Boden zu wachsen scheint. In den Weingärten von Fritz Salomon wurde unter anderem ein Schwert aus der Bronzezeit ausgegraben. Und im Alter von zehn Jahren entdeckte der heutige Winzer und Demeter-Viehzüchter unter der Sakristei der Schlosskapelle das vollständige Depot einer Alchemistenwerkstatt.

Sein Grüner Veltliner, Chardonnay oder Blauer Spätburgunder sind ideale Begleiter zu den Kompositionen aus Eva Salomons und Christoph Wagners mehrfach ausgezeichneter Küche. „Wir legen schon von jeher größten Wert auf biologische Zutaten, die zumeist aus der familieneigenen Produktion oder aus der unmittelbaren Umgebung stammen." Viel können sie aus dem eigenen Garten holen, in locker-leichter Weise richten sie sich deshalb vornehmlich nach der Saison. Meerfenchel aus dem Kräutergarten würzt Risotti oder Muscheln, Austernkraut verleiht hausgemachten Nudeln einen feinen Meeresklang und Zitronenverbene steckt im Bouquet der Sorbets. Das Waldviertler Blondvieh von Sohn Fritz ist Grundlage für Tafelspitz, Schulterscherzl oder Beiriedschnitte. Sohn Matthias, ein diplomierter Sommelier, sorgt als Maître für den Fortbestand der liebenswürdigen, nonchalanten Gastlichkeit in einem Resort, das dem Ruf als eines der besten Niederösterreichs in jeder Art und Weise gerecht wird.

GUT OBERSTOCKSTALL
Matthias Salomon
*Oberstockstall 1, A-3470 Kirchberg/Wagram*
*Telefon 00 43 (0) 22 79 / 23 35*
*restaurant@gutoberstockstall.at*
*www.gutoberstockstall.at*

# STATION WIRTSHAUSKULTUR

*Unter den Linden werde ich sie finden*

**BRATHENDERL MIT SEMMELFÜLLE**
*Dieses Rezept finden Sie auf der Seite 170*

Wie sich die Zeiten ändern! Noch vor zehn Jahren galten Bahnreisende nicht gerade als up to date. Wer etwa aus Wien ins Gasthaus von Gabriele und Franz Amstätter wollte, machte den Abstecher nach Hausleiten mit dem Auto. Parkplätze gibt es genügend, auch direkt vor der Bahnstation aus der Kaiserzeit. Mittlerweile schätzen Ausflügler die Möglichkeit, mit dem Zug anzureisen, und sind aller Sorgen um sichere Heimkehr entledigt. Da schmecken die hervorragenden Weine aus dem Weinviertel, vom Wagram und dem Kremstal doppelt so gut. „Wir sind keine Etikettenkäufer", sagt Franz Amstätter. „Die Weine von weniger bekannten Winzern sind oft interessanter als die der namhaften." Sukzessive bemühen die Wirte sich darum, den ursprünglichen Zustand der 1920er Jahre wiederherzustellen. Im Stüberl mit der Lärchen-Lamperie, in der Gaststube und im Saal mit stilvollen Gedecken sowie im schicken Garten mit den drei Akazienbäumen neben den Linden.

Gabriele Amstätter verfeinert Bodenständiges. Ihre Henderl sind weitum berühmt, ebenso wie die Marillenknödel und der Schweinsbraten, den sie im alten Schamottofen gart. „Ich koche nichts nach Rezept. So wie meine Mutter und Großmutter. Dort möchte ich geschmacklich auch hinkommen." Wer auf Fertigprodukte verzichtet, muss nach Gefühl kochen, denn das unverfälschte Grundprodukt hat seine Individualität. „Wir erhalten fast alles aus dem Umkreis von zehn Kilometern: Spargel, Obst, Gemüse, Fisch, Henderl, Fleisch vom Kamptal, Tullnerfelder Schwein."

Den „Topwirt Niederösterreich 2012" Richtung Bahngebäude ohne einen Kaffee zu verlassen, wäre ein schweres Versäumnis. Kaffeeliebhaber Franz Amstätter brüht noch auf einer alten mechanischen Faema E 61. Manches ändert sich eben nie.

**GASTHAUS AMSTÄTTER**
**Familie Amstätter**
*Bahnhofstraße 27, A-3464 Hausleiten*
*Telefon 00 43 (0) 22 65 / 72 72*
*Telefax 00 43 (0) 22 65 / 72 72*
*www.amstaetter.com*

# DER IRON-WIRT

*Substanzielles nach Mutters Rezepten*

**HERRENGULASCH**
*Dieses Rezept finden Sie auf der Seite 171*

Früher war das Gasthaus an der Hauptstraße vom Waldviertel nach Wien eine kulinarische Wegmarke der Lastwagenfahrer. „Von Horn bis Mattersburg gibt's das beste Gulasch bei der Hofmann Christl", hieß es. Großmutter und Mutter begründeten den Ruf, dem Toni Schneider nach wie vor gerecht wird. „Obwohl es längst eine Umfahrung gibt, veränderte sich das Gulasch in den letzten 75 Jahren nicht." Auch andere traditionelle Speisen bereitet er auf die althergebrachte Art zu. Zum Beispiel geröstete Leber mit Petersilerdäpfeln, Rindsbraten, Altwiener Reindlrostbraten und Wiener Schnitzel.

Anscheinend ist diese Küche eine echte Kraftnahrung. Denn der Wirt feierte sowohl beim Iron Man in Klagenfurt Erfolge als auch bei der Challenge Roth in Deutschland. Dazu dürften außerdem hausgemachte Suppeneinlagen, wie Leberknödel und Frittaten, ihr Schärflein beigetragen haben. Sohn Andreas untermauert das mit seinen fast vier Jahren, wenn er mit Schwung und Kraft das Laub im Gastgarten zusammenkehrt. Oder hilft, das Symbol des Hauses, das Weiße Rössel, auf die Wiese zu schieben. Die Spielgeräte im Garten teilt er übrigens gerne mit den Kindern der Gäste. Diesen stehen in der Dependance auch Gästezimmer zur Verfügung.

Tonis Frau Manuela trägt auch in der urtypischen Wirtshausstube mit Holzlogen und Schank sowie im Speisesaal auf. Viele Menschen sind dankbar, noch in einem Ambiente nach altem Schlag sitzen zu können. Früher gab es in Stockerau drei Dutzend ortstypische Wirtshäuser dieser Art. „Heute sind es, außer uns, noch zwei oder drei." Wie in jenen Zeiten erfüllt das Weiße Rössel zudem die Funktion von Kaffeehäusern. Ob sich die Gäste satt essen oder nur auf ein Achterl vorbeischauen – immer liegt auf Manuelas Tabletts ein Stück der guten alten Weinviertler Gastlichkeit.

**GASTHOF ZUM WEISSEN RÖSSEL**
Anton Schneider
*Josef-Wolfik-Straße 36, A-2000 Stockerau
Telefon 00 43 (0) 22 66 / 6 26 17
Mobil 00 43 (0) 699 / 11 22 33 05
weissesroessel@gmx.at
www.rösselwirt.net*

# GENUSSREICHE TRADITION

*mit individuellem Service*

**FILET VOM WEINVIERTLER STROHSCHWEIN MIT STEINPILZEN UND CREME-POLENTA**
*Dieses Rezept finden Sie auf der Seite 173*

Die Checkliste ist lang. Thomas Hopfeld reicht sie vor dem Hotel-Restaurant Drei Königshof dem Mitarbeiter in die Fahrerkabine des Lieferwagens. Sind die Blumen schon geliefert, die Sessel aufgestellt, die Getränke gekühlt, die Tischtücher gebügelt? Der Gastgeber des traditionsreichen Hotels im Zentrum von Stockerau organisiert gerade das komplette Catering für eine große Hochzeit außer Haus. „Wir bieten für jeden Anlass das entsprechende Konzept und sorgen mit einem engagierten Team auf Wunsch für sämtliche Details der Feier."

In dem traditionsreichen Familienbetrieb helfen die Eltern Peter und Johanna Hopfeld mit. Das BEST WESTERN Hotel Drei Königshof**** verdankt seinen guten Ruf auch dem Engagement der Gastgeberin Nicola.

Für kleinere Events buchen Interessenten gerne im hellen, freundlichen Wintergarten, der an den schattigen Weinlaubgarten und das Restaurant angrenzt. Oder in der urigen Trichterstube. Es sei denn, sie entscheiden sich für einen der zahlreich vorhandenen Seminarräume. Die altehrwürdige Gaststube begrüßt die Besucher beim Eintreten mit Holzpaneelen in gemütlichen Logen. „Durch die vielen Räume in unterschiedlichen Größen können wir etliche Veranstaltungen im Haus betreuen. Aber auch auswärts können wir vor Ort kochen. Wir transportieren das gesamte Equipment an alle erdenklichen Plätze, um die Vorstellungen von der Traumhochzeit zu erfüllen."

Küchenchef Martin Mocnik legt großen Wert auf Regionalität und erstklassige Lieferanten. Dementsprechend bietet der Keller ausschließlich Weine aus Österreich. Beim Hochzeitsmenü setzte diesmal das Brautpaar auf Klassiker: Tatar vom Wienerwald Weiderind, Filet vom Weinviertler Strohschwein und zum Schluss etwas vom bekannten „eis.greissler".

**HOTEL-RESTAURANT DREI KÖNIGSHOF**
Thomas Hopfeld
*Hauptstraße 29-31, A-2000 Stockerau*
*Telefon 00 43 (0) 22 66 / 6 27 88*
*Telefax 00 43 (0) 22 66 / 62 78 86*
*thopfeld@dreikoenigshof.at*
*www.dreikoenigshof.at*

WEINBERGE BEI LANGENLOIS

# GEPFLEGTE GASTLICHKEIT IM WALD

*Ein Restaurant für Schwelger*

**FORELLENFILETS MIT KOHLRABIRAGOUT**
*Dieses Rezept finden Sie auf der Seite 174*

**G**erhard Knobl ist seit dem Jahr 2000 Besitzer des Goldenen Bründls und machte aus dem ehemaligen Ausflugsgasthaus ein gehobenes Wirtshaus mit eleganten Elementen. Nach wie vor ist das Restaurant im Rohrwald ein beliebtes Ziel von Ausflüglern, vor allem solchen, die gerne in schönem Ambiente mitten in der Natur gut essen. Seit 2005 können sie dies bei gutem Wetter auch im schönen Gastgarten tun.

Norbert Steiner erkochte hier bereits Auszeichnungen wie „Bestes Wirtshaus Niederösterreichs" oder „Bestes Beuschl des Landes". Überhaupt sind Innereien eines der Hauptmotive seiner Küche. Grundgerüst ist die österreichische Tradition, mit Reisfleisch, gefülltem Paprika, der Lachsforelle oder dem Fogos. Bei ihm allerdings mit Finesse typisiert. „Auf der Küche Österreichs baut alles auf. Darum gibt es bei mir zum Beispiel viel Gebackenes vom Kalb und Schwein. Mir ist ein Gesamtpaket wichtig." Großen Wert legt er deshalb auch auf die optisch ansprechende Darreichung. Die Karte wechselt alle paar Wochen und bietet dabei immer „einige flotte Sachen, bis hin zum fünfgängigen Menü".

Der Chef des Hauses und seine Frau Regine sorgen mit ihrem freundlichen Team für die Gäste, auch bei Caterings für Feste mit bis zu eintausend Personen, die sie auf Wunsch an ausgesucht schönen Plätzen bewirten. Vom Cocktail-Empfang über das Buffet bis zu mehrgängigen Menüs reichen die Ereignisse, von denen Teilnehmende noch lange erzählen.

Mehr als sechshundert Positionen verzeichnet die Weinkarte, vom Weinviertel DAC bis zu Roederer oder Masseto aus der Toskana. „Das Preis-Leistungs-Verhältnis muss stimmen, das ist unsere Philosophie. Darum haben wir über siebzig Prozent Stammgäste, sehr viele aus Wien." Bei Kochkursen, Küchenparties und in dem Kochbuch „Es lebe die Küche" geben die Profis ihr Wissen preis.

**GOLDENES BRÜNDL**
Gerhard Knobl
*Waldstraße 125, A-2105 Oberrohrbach
Telefon 00 43 (0) 22 66 / 8 04 95
Telefax 00 43 (0) 22 66 / 8 16 98
gasthaus@goldenesbruendl.at
www.goldenesbruendl.at*

# WAS ÜBERLIEFERT IST
*und was nicht*

**TOPFENNOCKERL**
*Dieses Rezept finden Sie auf der Seite 171*

Er tauchte anscheinend einfach auf. „Kein Mensch weiß, wann und warum er an die Fassade kam. Das ist weder geschichtlich noch in Geschichten überliefert. Aber er muss sehr alt sein." Dieser goldene Engel hatte dem Einkehrgasthaus an der Straße nach Prag schon 1572 den Namen gegeben. So weit reichen die Aufzeichnungen nämlich zurück. Seit 1970 betreibt Familie Rammel das älteste Gasthaus in Hollabrunn. Petra Rammel führt es in dritter Familiengeneration seit 1995.

Zuerst baute sie einen Saal und einen Gastgarten dazu und gab dann die Initialzündung zu einer Richtungsänderung. War es früher hauptsächlich ein Ausschankbetrieb, ist es nunmehr ein Speiselokal mit Bodenständigem nach überlieferten Rezepten. Die Großmutter vererbte der Enkelin Anleitungen der altösterreichischen Küche weiter, geprägt von Gulasch, Beuschel oder Zwiebelrostbraten. Saisonal abgestimmte Hausmannskost, wie gekochtes Rindfleisch mit Semmelkren oder Krautfleckerl, dominiert die Menüangebote zu Mittag.

Nach wie vor legt die Wirtin, die von ihren Eltern Roswita und Herbert und vom Lebensgefährten Mario Gafgo tatkräftig unterstützt wird, großen Wert auf beste Tropfen. Etwa sechzig verschiedene Weine stehen auf der Karte. „Auf Wunsch schenken wir alle ebenso glasweise aus." Der „Genusswirt"-Betrieb ist für seine gute, regionale Kost, insbesondere auch für Wildgerichte, bekannt. Eine goldene Regel befolgt Petra nicht nur im Schwarzen Stüberl mit seinen dunklen Paneelen und der gepflegten Patina von einem ganzen Jahrhundert, im Saal oder der Logenschank, sondern auch bei Caterings: ganz auf die Wünsche ihrer Kunden einzugehen und dabei unauffällig und ruhig zu betreuen. „Alles, was wir hier im Paket für Feste und Feiern anbieten, machen wir auswärts ebenfalls, aber nur bis zu einem gewissen Umfang, um die Qualität garantieren zu können."

**GASTHAUS ZUM GOLDENEN ENGEL**
Petra Rammel
*Lothringerplatz 11, A-2020 Hollabrunn
Telefon 00 43 (0) 29 52 / 21 61
Telefax 00 43 (0) 29 52 / 2 06 61
gasthausrammel@aon.at
www.zumgoldenenengel.at*

# JUWEL AN DER KREUZUNG

*Ein besonderes Dorfwirtshaus auf dem Weg von Wien nach Znaim*

**WEINVIERTLER GRAMMELERDÄPFELROULADE AUF PAPRIKA-CHILIKRAUT**
*Dieses Rezept finden Sie auf der Seite 176*

**D**urchreisende sollten es tun. Anhalten. Um sich im Gasthaus Hausgnost „An der Kreuzung" ein wenig aufzuhalten. Dort, wo der Stopp zum Genusserlebnis wird und wo man durchgehend in höchster Qualität schlemmen kann. Regionale Produkte sind die Hauptzutaten von Manfred Hausgnosts berühmt gewordener Küche, wie Weinviertler Strohschwein, Guntersdorfer Bioerdäpfel oder Waldviertler Karpfen. Äpfel und Kürbisse wachsen im eigenen Garten des Onkels. Auch Wildgerichte kommen saisonal zu allerhöchsten Ehren. Er ist dabei „auf die österreichische Küche fokussiert, die mit ihren Jus und der aufwendigeren Kochart eher der französischen nahe ist", lässt aber hin und wieder minimale italienische Einflüsse zu.

Umsorgt von der liebenswürdigen Gastlichkeit seiner Frau Martina, stehen Feinschmeckern mehrere Wohlfühlbereiche zur Verfügung. Bei Hochzeitern oder Geburtstagskindern sind der elegant-moderne Saal und das Stüberl heiß begehrt. Die Gaststube des Topwirts und Mitglieds von Genuss Region und Wirtshauskultur ist vor allem ein Kommunikationszentrum für die Ortsbewohner, die des Öfteren für Engpässe bei den köstlichen Mittagsmenüs sorgen.

Die Abendmenüs sind opulenter, oft achtgängig, dennoch leistbar. Wer aber nur ein Würstel möchte, bekommt auch das. Schwägerin Elisabeth Hausgnost stellt die Weinkarte zusammen. Aus der benachbarten Vinothek der Sommeliere, die in ihrem Verkostungsraum zudem Weinseminare anbietet, stammen die nationalen und internationalen Rebensäfte, die Martina zu den Gerichten ihres Mannes empfiehlt.

Im blütenreichen, ruhigen Innenhof halten im Sommer auch gerne Menschen inne, die oft von sehr weit her eintreffen. Und gar nicht auf der Durchreise sind. Sondern am Ziel.

**GASTHAUS AN DER KREUZUNG**
Familie Hausgnost
*Oberort 110, A-2042 Guntersdorf
Telefon 00 43 (0) 29 51 / 22 29
Telefax 00 43 (0) 29 51 / 2 22 94
info@hausgnost.at
www.hausgnost.at*

# LANDGUT FÜR VINOPHILE

*Wohnen, feiern und entspannen*

**GEDÜNSTETE KALBSVÖGERL MIT STEINPILZ-ERDÄPFELTALERN UND GEWÜRZ-MARILLEN**
*Dieses Rezept finden Sie auf der Seite 177*

Ganz Mutige kommen über den Keller in den Burghof. Auf dem Sand kilometerlanger unterirdischer Gänge, die durch die grandiosen Kelleranlagen der Weinstadt Retz führen. Endpunkt eines derartigen Erlebnisses ist die Vinothek der zum Landgut-Hotel Althof restaurierten ehemaligen Meierei der 700 Jahre alten Burganlage von Retz. Noch in den 1970ern schienen die wertvollen Arkaden des Burghofs dem Verfall preisgegeben und die mächtigen mittelalterlichen Mauern ein Opfer wuchernder Wildnis zu werden. Land und Stadt retteten es glücklicherweise und errichteten ein herrliches, denkmalgeschütztes Ensemble für Urlauber und Hedonisten. Steigen diese heute nach einer Feier aus dem Zeremonienkeller die sechzehn Meter hinauf ans Tageslicht, erwartet sie rundum gepflegte Gastlichkeit. Erschöpfte können im Spabereich mit Sauna und Dampfbad regenerieren, bevor sie sich auf der Terrasse, im Restaurant und im Heurigen je nach Lust und Laune gehobene bodenständige Gerichte oder klassische Heurigenschmankerl servieren lassen. In der weitläufigen Anlage werden Kriecherl von Hand geerntet, sie finden sich dann in den Kochtöpfen wieder. Nach dem Dinner haben Gäste die Wahl zwischen den romantischen Burghofzimmern und den helleren im neu erbauten Trakt.

Retz ist eine Weinstadt, die so manchem Fremden bekannt vorkommt. Filmschaffende finden oft die passende, meist auch sonnige Kulisse für ihre Produktionen. Das angenehme Klima bringt großartige Weine hervor, als Hauptsorten Grünen Veltliner, Riesling und Zweigelt, die in der Gebietsvinothek zum Ab-Hof-Preis erworben werden können. Bei Empfängen, Degustationen, Hochzeiten, Seminaren oder Weinkulinarien spiegelt sich die unaufdringliche Lebensfreude wider, die hier im Hotel Althof eine Hochburg gefunden hat.

**HOTEL ALTHOF**
*Althofgasse 14, A-2070 Retz
Telefon 00 43 (0) 29 42 / 3 71 10
Telefax 00 43 (0) 29 42 / 37 11 55
willkommen@althof.at
www.althof.at*

# DIE VERBORGENEN GÄNGE

*im Schlosskeller des versteckten Weinorts Mailberg*

**REHRÜCKEN MIT MANGOLD, TIROLER PREISELBEEREN UND GRIESSROULADEN**
*Dieses Rezept finden Sie auf der Seite 178*

Im April 2012 eröffneten Christoph Schüller und Verena Schneider das Restaurant im Keller des romantischen Schlosshotels des Malteser Ritterordens. In einer Oktobernacht desselben Jahres erhielten sie einen Anruf, der sie sprachlos machte.

Dazwischen lagen die arbeitsreichen Monate des Beginnens, geprägt von kreativen Ideen, die Christoph in der Küche so grandios umsetzen kann, und aufmerksamem Umsorgen der Gäste durch Verena und ihr Team. „Der Gast soll etwas mitnehmen, das er oder sie noch nicht gegessen, getrunken, gehört, gesehen oder gefühlt hat." Denn Sorgfalt ist einer der verborgenen Gänge der Menüs im Schlosskeller.

Nachhaltigkeit und Regionalität sind weitere. „Als Tiroler", sagt Christoph, „bin ich im Weinviertel im Schlaraffenland. Weil es hier von den Erdfrüchten über Fleisch, Wild, Fisch und Geflügel bis zum Wein fast alles gibt." Im Weinkeller allerdings verlässt er schon auch die Region des Mailberg Valley. Inspiration durch das, was gerade geerntet wird und auf dem Markt ist, und Traditionsbewusstsein im Kochstil, geprägt von der österreichisch-französischen Kochkultur, gehören zu den Hauptgängen, die auch nicht explizit auf der Karte angeführt sind. Delikates, wie Cappuccino von Süßwasserfischen, gedünsteter Brustkern vom Rind oder Guglhupf als Sonntagsgruß aus der Küche macht den versteckten Weinort Mailberg zu einem Hotspot österreichischer Kulinarik.

Die namhaftesten Restaurantführer des Landes zeichneten den Betrieb auf Anhieb aus und empfehlen ihn als herausragend. Sechs Monate nach Eröffnung erhielten Christoph und Verena den Anruf, das Lokal habe vom Gault Millau eine Haube bekommen. Sie waren wohl die einzigen, die es überraschte.

SCHLOSSKELLER MAILBERG
Christoph Schüller
*Mailberg 1, A-2024 Mailberg
Telefon 00 43 (0) 29 43 / 3 03 01 20
schlosskeller.mailberg@gmail.com
www.schlosskeller-mailberg.at*

# FESTLICHES WEINVIERTEL

*Wein schnuppern zum Hochzeitsfest der Schmetterlinge*

**W**o so guter Wein wächst, lassen die Winzer ihn hochleben. Und das beinahe rund ums Jahr. Sie haben dabei gerne Gesellschaft und laden im Weinfrühling zum Schnuppern ein, im Mai zum Erwachen, im Juni zur Blüte, im Sommer zum Tafeln im Grünen, im Herbst zur Weinlese oder zum Kellergassenfest und selbst im November noch zur Weinnacht. Oft finden diese Treffen unter freiem Himmel statt, in den Weingärten, auf den Straßen, bei Umzügen oder in den Innenhöfen der Bauernhäuser. Gelassen und gemütlich laufen sie ab, und wenn es gilt, den Kürbis zu würdigen, so feiert man eben ganz und gar das Orange. Fast immer spielt dazu die örtliche Blasmusik auf und häufig enden die fröhlichen Tage in Festzelten bei Tanz und Unterhaltung.

Eine besonders schöne Tradition des Weinviertels ist der lebendige Gassenverkauf vor den Bauernhäusern, meist an viel befahrenen Straßen. Auf kleinen Tischen oder in Schubkarren liegen feldfrische Gurken, Erdäpfel, Zwiebeln, Paradeiser, Kräuter oder Obst. Nicht immer sitzt die Altbäurin im Schatten eines bunten Sonnenschirmes dabei, darum steht der Preis auf Zetteln bei den Waren. Vorbeikommende bedienen sich und werfen den fälligen Betrag in den Briefkasten oder in eine Dose. Sogar Gladiolen, Symbol für Lebensfreude, gibt es nach diesem Prinzip auf Feldern „to go".

Auf dem Weg in Richtung Slowakei münden die Weinberge in die freien Fluren des Marchfelds, dem Gemüsegarten Österreichs. Der aromatische Marchfeldspargel g. g. A. besticht durch besondere Zartheit. Erbsen, Fisolen, Spinat, Karotten und Zuckermais schaffen es erntefrisch in wenigen Minuten auf die Wiener Märkte. In den letzten Jahren jedoch schimmern immer mehr Felder im Frühherbst metallisch von den äußeren Blättern des Blaukrauts, ein beeindruckender Anblick. Gleich nebenan, wo Fertigrasen wächst, breitet sich samtiges Moosgrün bis zum Waldrand aus, das bald an den Stollen von Fußballschuhen kleben wird.

KULINARISCHE ENTDECKUNGEN

Früher pflegten die Adligen dort zu jagen und errichteten prachtvolle Landschlösser zwischen Wien und Pressburg. Sie hinterließen beeindruckende Zeugnisse barocker Lebenskunst, die sich zum Teil bis heute ihren unverwechselbaren Glanz bewahren konnten. In den Gartenanlagen, den Innenhöfen und den bunt bemalten Sälen, auf den Panoramaterrassen und in den Arkadengängen schwingt noch etwas von der höfischen Festlichkeit, mit der Prinz Eugen oder Kaiserin Maria Theresia ihre Gäste entzückten.

Von hier sind zweitausend Jahre gar nicht weit entfernt. Die antike Bernsteinstraße führt nach Carnuntum, der „wiedergeborenen Stadt der Kaiser", wo eine römische Großstadt anschaulich und wissenschaftlich perfekt wieder auflebt.

Eingebettet ist das Grenzgebiet, das ehemals ein Eiserner Vorhang von den Nachbarorten trennte, in den Nationalpark Donau-Auen, der eine der letzten großen Flussauen Mitteleuropas birgt, mit der hier noch frei fließenden Donau als Lebensader. Den oberen Auwald schützt seit über hundert Jahren ein Damm vor Hochwasser. Hochwachsende Bäume, weite offene Wiesen und Gewässerreste kennzeichnen ihn. Im Gebiet zwischen Schutzdamm und Donau, deren Kraft man hier noch deutlich spürt, hinterlassen jedoch bis heute immer wieder Hochwässer ihre Spuren. Dichter Wald, der nicht mehr durchforstet wird, bietet vielen Kleintieren Lebensraum. Wenn dort Hirsch und Reh, Libelle und Sumpfschildkröte, Donau-Kammmolch und Schmetterling Hochzeit feiern, dann sind Naturliebhaber zum wohl schönsten Fest des Weinviertels geladen.

# GEPFLEGT VERPFLEGT

*mit Weinviertler Ripperl*

**GEGRILLTE TERIYAKIRIPPERL**
*Dieses Rezept finden Sie auf der Seite 179*

Die dreijährige Patrizia entscheidet sich schnell. Die „ganz normalen" sollen es sein. Spareribs also für das Kind. Köstliche, mürb-saftige Ripperl vom Schwein, die auf Pizzatellern im Doppelpack serviert werden, oft zusammen mit reschen Braterdäpfeln, Gemüse, Folienkartoffeln oder Schnittlauchsauce. Anderen Gästen fällt die Wahl in Petra Zeiners S'Weinviertler Ripperlwirtshaus schon wesentlich schwerer. Denn bei den ausnahmslos hausgemachten Beizen kann man sich zwischen Bier, Teriyaki und scharfer TexMex entscheiden. Und die Ripperl auch gebacken oder geselcht genießen.

Donnerstag ist Beizetag, da schwirrt die gelernte Hauskrankenpflegerin zwischen Küche und Schank hin und her, denn schon vormittags ist hier viel Betrieb. Laufkundschaft und Stammgäste stärken sich mit Kaffee oder Tee. Der Saal, in dem auch kleinere Feste gefeiert werden können, ist Nichtrauchern vorbehalten. „Mir liegt das Verpflegen", sagt Petra, „ich bewirte gerne. Aber ohne die Unterstützung meiner Familie könnte ich es nicht schaffen."

Petras Mann ist Filmkulissenbauer und davon profitiert die Ausstattung des Lokals. Er rettete einige schöne Versatzstücke aus Abbruchhäusern, richtete sie her und mixte sie mit modernen Elementen. Tischlerte die Bänke und die Bar, verlegte einen Holzboden und malte nach einer alten Schablone eine Zierleiste an die Wand. Auch im Gastgarten ist, an der Sitzbank etwa, Petras Faible für Antikes erkennbar.

Kräuterlimonade stillt Patrizias Durst, während ihrer Tischgesellschaft der Weinviertler Rote, der Kaiserspritzer oder der Ribiselspritzer mundet. „Irgendwie ist es wie daheim", lacht Petra, bevor sie sich wieder in die Küche aufmacht, um auch Menschen, die keine Ripperl mögen, zum Beispiel mit Zeiner Wok, Räuchertofu oder Apfelstrudel verpflegen zu können.

**GASTHAUS ZEINER**
Petra Zeiner
A-2135 Neudorf 234
Telefon 00 43 (0) 25 23 / 83 17
fam.zeiner@mscnet.at
www.gasthaus-zeiner.at

# HIER KOCHT DER CHEF

*und die Chefin hat Zeit für jeden Gast*

**GEFÜLLTE ROULADE VOM ERNSTBRUNNER JUNGWEIDERIND**
*Dieses Rezept finden Sie auf der Seite 179*

Dort, wo Kater Leo gerne schnurrt, beim Kachelofen neben dem Stammtisch, wärmen sich im Winter die Gäste bei knisterndem Holz den Rücken. Der Ofen trennt den Speisesaal zum Schankraum und konkurriert mit dem Kamin im heimeligen Stüberl. Im Sommer allerdings serviert Chefin Milica Rappl auch in ihrem lauschigen, begrünten Innenhof. Es sind bodenständige Schmankerl, deren Grundzutaten Küchenchef Manfred Rappl von regionalen Bauern bezieht. Industrieprodukte sind verpönt, nur frisch Gekochtes landet auf den Tellern. Unterstützt werden die beiden von den Töchtern Diana, Melanie und Anastasia, vor allem dann, wenn das Haus wieder einmal aus allen Nähten zu platzen droht. Das ist so oft der Fall, dass es mittlerweile höchst ratsam ist, einen Tisch zu reservieren, will man sicher gehen, zum Beispiel einen der begehrten Riesenleberknödel, die Holzhackernockerl oder das Mittagsmenü zu ergattern.

Im Jahr 2010 pachtete Familie Rappl das ehemals sehr rustikale Adlerbräu und gestaltete es zu einem behaglichen Lokal um, das mittlerweile fast ein bisschen zu klein geworden ist. „Wir wollen aber nicht zu groß werden. Das Familiäre soll bleiben, wo meine Gattin Zeit für jeden einzelnen Gast hat." Viel Schönes blieb von der alten Struktur erhalten, das Mauerwerk der Tür- und Fensterstürze wurde freigelegt und im ehemaligen Stadl kann man urige Feste feiern oder beim Weihnachtsmarkt Produkte der Region und Kunsthandwerkliches erstehen. Bei ihren regelmäßigen Treffen bestellen die Jäger zu ausschließlich heimischen Weinen oder Bieren natürlich am liebsten das, was Manfred Rappl aus Weidmannsglück macht. Viele Stammgäste sehen gerne individuelle Wünsche erfüllt. „Sie wissen, bei uns geht alles ohne Aufpreis", sagt Milica. „Das wissen sie."

**ADLERBRÄU**
Familie Rappl
*Marktplatz 2, A-2115 Ernstbrunn*
*Telefon 00 43 (0) 25 76 / 3 03 98*
*office@adlerbraeu.com*
*www.adlerbraeu.com*

# HINTER DER SCHÖNEN FASSADE

*... ist wohl denen, die gerne genießen ...*

**REHRÜCKENFILET AUF HAUSGEMACHTEM ROTKRAUT UND SERVIETTENKNÖDEL**
*Dieses Rezept finden Sie auf der Seite 180*

Die Villa im Neorenaissancestil der Gründerzeit mit Büsten in Fenstergiebeln und Balustraden auf der Terrasse fällt gleich ins Auge. Es ist ein unerwarteter Baustil in dieser Gegend, der in einem stimmigen Ambiente ruht. In einem Garten mit locker gruppierten Sitzgelegenheiten um den Seerosenteich, in dem Goldfische schwimmen. Zwischen mächtigen alten Buchsbäumen und einer Sandkiste können Gestresste auf der Schaukelliege für einige Stunden Urlaub vom Alltag machen und sich mit Snacks oder hausgemachten Mehlspeisen aus Omas Kochbuch stärken. Genau hundert Jahre nachdem die Villa erbaut wurde, kauften Alexandra Steiner-Pohl und Markus Steiner das Haus, adaptierten es und richteten den hellen Gastraum, das Extrazimmer und das große Stüberl stilbewusst ein. Atmosphärisch perfekt passend eröffneten sie kein Wirtshaus, sondern ein Café-Restaurant. Mit Mittagsmenüs unter der Woche und warmer Küche bis in die späten Abendstunden.

Bewusst klein hält die Gastronomin das Angebot ihres Cafés, denn alles ist hausgemacht und immer frisch. Zwei Mehlspeisen stehen zur Auswahl, zum Beispiel Apfelstrudel oder Kardinalschnitte, Fruchttorten oder Cremeschnitten. „Unser Hauptaugenmerk liegt auf Wohlfühlen und Genießen, zur Ruhe Kommen und Entspannen bei gutem, ehrlichem Essen und Trinken."

Ihr Geschick beim Dekorieren stellt sie laufend unter Beweis und überrascht ihre Stammgäste immer wieder mit saisonalen Arrangements. Markus Steiner ist für die gutbürgerliche Speisekarte mit internationalen Einschlägen verantwortlich. Bierspezialitäten vom Fass, vorwiegend Weinviertler Weine und Schnäpse geleiten durch die kostbaren, langsamen Stunden des Lebens, die leider immer viel zu schnell vergehen.

STEINER'S ANNENHEIM
CAFÉ-RESTAURANT
Familie Steiner
Hauptplatz 6, A-2126 Ladendorf
Telefon 00 43 (0) 25 75 / 2 12 66
steiners-annenheim@aon.at
www.steiners-annenheim.at

# RATZEPUTZE!

*Die Mischung macht's*

**SCHWEINEFILET AN GERÖSTETEN EIERSCHWAMMERLN UND KARTOFFELTÖRTCHEN**
*Dieses Rezept finden Sie auf der Seite 181*

Den Freudenschrei kennen fast alle Österreicher von Kindheit an. Ausschließlich vor leer gegessenen Tellern stoßen ihn Mütter und Großmütter aus, in ihm schwingt gleichermaßen Stolz und Lob der Köchin mit. Und so verwundert es nicht allzu sehr, wenn dann und wann „Ratzeputze!" durch das Restaurant Diesner schallt. Ist es doch einerseits ein klassisches Gasthaus mit bunt gemischten Menüs vornehmlich von Hausmannskost und saisonalen À-la-carte-Gerichten, die sich zu den Klassikern wie Kutschersuppe, Rindfleischscheiben oder Gemüsepalatschinken gesellen. Das ehemalige Bahnhofsrestaurant besteht seit 1836, wie alte Fotos an den Wänden beweisen. Nur wenige Güterzüge fahren heute noch vorbei, was Parkplatzsorgen schwinden lässt. Vier komplett getrennte Räumlichkeiten ermöglichen es, in heimeligen Stüberln Seminare und Tagungen abzuhalten, während im Snackbereich Fingerfood und Gulaschsuppe verzehrt, an der Bar geraucht und im Schankbereich diskutiert wird. Mit einem großen Angebot an preiswerten Speisen lässt Gerald Diesner seinen Köchen hinsichtlich Kreativität hin und wieder freien Lauf. Er selbst bezeichnet sich als „logisch denkenden Analytiker", der dafür sorgt, dass die Sitzplätze im Schanigarten ausreichend beschattet und die Bestellungen für das morgige Catering eingegangen sind. Ohne sein Kommunikationstalent wäre das nicht machbar. „Heute ist es Trend, spontan auszugehen. Früher planten die Gäste offenbar mehr voraus. Man muss immer vorbereitet sein." Das Lokal ist darum für rasche Küche bekannt.

„Ratzeputze!", rufen sie hier allerdings meist schon vor dem Essen. Denn es ist auch der Schlachtruf der Kegler, nachdem jemand mit einer vollen Kugel eine der Bahnen im Souterrain leergefegt hat.

**RESTAURANT DIESNER**
Gerald Diesner
*Landesbahnstraße 2, A-2130 Mistelbach
Telefon 00 43 (0) 25 72 / 55 02
Mobil 00 43 (0) 6 64 / 4 41 46 99
e-m.diesner@aon.at
www.restaurant-diesner.com*

# IM EHEMALIGEN EINKEHRWIRTSHAUS

*ganz fürstlich genießen*

**GEFÜLLTE HÜHNERBRUST AUF EIERSCHWAMMERL-LAUCHGEMÜSE**
*Dieses Rezept finden Sie auf der Seite 182*

Nur im Sommer, da aber bei jeder Witterung, ist der imposante Tanzstadl das Zentrum des Restaurants Neunläuf. Dieser stammt aus dem Jahr 1866 und diente ursprünglich Postkutschen als Unterschlupf. Im Sommer tanzten die Hobersdorfer unter dem unverbauten Ziegeldach mit seinen handgeschlagenen Balken ihre Kirtagsreigen. Bei Hochzeiten und Feiern aller Art erfüllt der Bau bis heute diesen Zweck. Vor einigen Jahren schuf ein Architekt daraus ein luftiges Refugium mit verglasten Schiebewänden, die den Blick auf die zwanzig Linden des Gastgartens, auf efeubewachsene Mauern, Kinderspielgeräte, Liegestühle und die Kräuterschnecke freigeben. Aus ihr holt Chefkoch Josef Hochmeister, Spezialist für Weinviertler Küche mit internationalem Einschlag, die Kräuter für seine Köstlichkeiten, deren Zutaten vornehmlich aus der Region stammen. Für frisches Gemüse sorgt Großvater Krammer, dessen Vater das Haus einst als typisches Einkehrwirtshaus erbaute. Seine Beete liefern Salat, Paradeiser, Zucchini, Ribisel und noch viel mehr. Ruth Krammer, die mit ihrem Mann Roland das Restaurant seit 2001 führt, erntet die Lindenblüten, die, geliert, Desserts aromatisieren. Eltern, Nachwuchs und sogar Großmutter Krammer sorgen tatkräftig für den Erhalt der familiären Struktur.

Fürstlich sind nicht nur so manche Tafel im Neunläuf und der liebevoll renovierte Keller mit einer erlesenen Auswahl an Weinviertler Weinen, sondern gleich ein ganzer Wanderweg und eine Fahrradroute in der Nähe. In der kalten Jahreszeit tragen die „Topwirte der Wirtshauskultur" in der Gaststube oder im Gastsaal auf und stehen jederzeit mit Rat und Tat für Catering zur Verfügung. Sie bringen auf Wunsch alles Nötige mit. Vor allem die Freude am Beruf, die die Gastwirtschaft an den ehemals vermutlich neun Läufen der Thaya so sagenhaft macht.

**GASTWIRTSCHAFT NEUNLÄUF**
Roland Krammer
*Wienerstraße 4, A-2193 Hobersdorf
Telefon 00 43 (0) 25 73 / 2 59 99
Telefax 00 43 (0) 25 73 / 2 59 00
neunlaeuf@aon.at
www.neunlaeuf.at*

IM ROHRWALD MIT BLICK AUF GÄNSERNDORF

# SIEBEN, MAHLEN, MISCHEN

*Die Gewürze der Welt bei den Weinbergen von Wolkersdorf*

LACHSFILET AUF KÜRBIS-PAPRIKAGEMÜSE MIT ROSMARIN-ERDÄPFELN UND GEBRATENEN SPECKSCHEIBEN
*Dieses Rezept finden Sie auf der Seite 182*

**W**as ist das Nationalgewürz Österreichs? Gibt es das überhaupt? Niemand wird die Frage besser beantworten können als Magister Erwin Kotányi, dessen Familie in der vierten Generation mit erstklassigen Gewürzen, Kräutern und Mischungen österreichischen Speisen Charakter verleiht. Seit geraumer Zeit versorgt er mit rund 4 500 Artikeln darüber hinaus viele andere Länder des zentral- und osteuropäischen Raums und ist nicht nur in Russland Marktführer.

Am Rand der Weinberge vor Wien schwebt darum eine betörende Duftglocke globaler Aromen, die Italien beim Oregano orten lässt, Frankreich bei Verbene und Lavendel, England bei Minze, Indien bei Kurkuma. Pfeffer bringt einen Hauch China nahe und die wunderbare Vanille die Antillen. Paprika ist unverzichtbar für Gulasch und Dauerbrenner in der Produktpalette dieses großen altösterreichischen Traditionsunternehmens. Er ist kulinarisches Synonym für Ungarn, der Heimat János Kotányis, der damit 1881 die Firma gründete. Seine Rezeptur des „Paprika Edelsüß Spezial" ist ein streng gehütetes Geheimnis. Als feines, rotes Pulver wird er noch in silberfarbenen Säckchen angeboten, während andere Stimulanzien der Inspiration in den typischen Briefpackungen ihre Aromen bewahren. Mit den Gewürz-Einwegmühlen schuf Kotányi zudem ein zeitgemäßes, aromafreundliches Behältnis.

Lebensmitteltechnikerinnen testen im firmeneigenen Labor die Lieferungen ausführlich, bevor sie gesiebt, gemahlen und gemischt werden. Grundlage der Qualität sind nicht zuletzt die Auswahl des Anbaugebiets und sorgfältigste Behandlung der Waren vom Säen bis zur Auslieferung.

Ja, auch „das" österreichische Gewürz gibt es. Es trägt einen kleinen Hauch Süße im Duft und ein wenig Bitterkeit im Geschmack. Stark, erdig und warm ist sein Charakter. Es ist der Kümmel.

KOTÁNYI
Mag. Erwin Kotányi
*Johann-Galler-Straße 11, A-2120 Wolkersdorf*
*Telefon 00 43 (0) 22 45 / 53 00 10 00*
*Telefax 00 43 (0) 22 45 / 53 00 10 19*
*info@kotanyi.com*
*www.kotanyi.com*

# KOCH IM GEWÖLBE

*Zwei Brüder rühren um*

**SCHWEINSFILETSPIESS**
*Dieses Rezept finden Sie auf der Seite 183*

Das weiße Festzelt vom letzten Wochenende steht noch unter den uralten Bäumen auf der riesigen Wiese, die sich hinter der Glaswand des trendig-eleganten Wintergartens hinauf zu einem bewaldeten Hügel erstreckt. Bis zu 1500 Gäste finden so bei Veranstaltungen im Schurlwirt Platz. Private Feiern oder öffentliche Feste sind darum eines der Haupteinsatzgebiete zweier Brüder, die das Gemeindegasthaus von ihrem Vater übernahmen.

Das bietet einen wunderschönen, denkmalgeschützten Rahmen samt Gastgarten auch für festliche Begegnungen in kleinerem Umfang. Unter dem barocken Gewölbe des ehemaligen Herrenhauses kocht Mario Müllebner seine Landgasthausküche. Gelegentlich leistet er sich, wie mit dem Weinviertler Straußensteak in Pfeffersauce, leicht exzentrische Ausreißer. So schnell wird aber dem Dauerbrenner Gulasch nichts den Rang streitig machen. Hat das doch, bedingt durch die Nähe zu Ungarn, selbst das Wiener Schnitzel auf der Beliebtheitsskala hinter sich gelassen. Menüs und die Tageskarte richten sich nach dem Marktangebot am Morgen.

Wie Mario bei seinen Zutaten, setzt sein Bruder Herbert bei den Weinen auf die Region. „Weinviertel DAC" stammt aus den Rieden um Wolkersdorf, die, von der breiten Masse fast noch unentdeckt, schon mehrere Salonsieger hervorbrachten und ihren berühmteren Schwestern in puncto Qualität um nichts nachstehen. „Die Weine sind spritzig, mit viel formender Säure, die man aber natürlich nicht schmeckt."

Der von der Lage her vielleicht interessanteste Aspekt von Pillichsdorf ist seine Nähe zu einer großen Industrieregion. In weniger als zehn Minuten soll man sich in einer Gewerbezone befinden. Angesichts der dörflichen Idylle mit niedrigen Häuschen und ihren schiefen Dächern eine irgendwie spannende Vorstellung.

**SCHURLWIRT**
Mario und Herbert Müllebner
*Hauptplatz 1, A-2211 Pillichsdorf*
*Telefon 00 43 (0) 22 45 / 32 45*
*muellebner@gmail.com*
*www.schurlwirt.at*

# ALLES NAHELIEGEND
*Ruhe und Komfort am Rand der Weltstadt*

**SPARGELRÖLLCHEN MIT PETERSILKARTOFFELN**
*Dieses Rezept finden Sie auf der Seite 184*

Nach einem Tag voll pulsierender Eindrücke in den Museen, Geschäften oder Wissenszentren Wiens kommt Sehnsucht nach der Natürlichkeit eines kräftigen, vitaminreichen Essens auf. So wie es im Gasthof Scheiterer in Enzersfeld inmitten von Kornfeldern am Stadtrand von Wien serviert wird. Anita Scheiterer pflegt die gute österreichische Gastlichkeit mit der traditionellen Wiener Küche wie Tafelspitz und Wiener Schnitzel. Das Fleisch stammt aus der Fleischerei ihres Neffen, es sei denn, Wild hat Saison. Das Thema „Jagd" ist wegen der Leidenschaft des Wirts vorherrschend und findet in zahlreichen Trophäen an der Wand des Jägerstüberls sowie in einem Wandgemälde in der wohnlichen Gaststube seinen bildhaften Ausdruck. Für Wildgerichte ist der Gasthof weitum bekannt. Auf Wirt Herberts Rehmedaillons, auf Hirschbraten und Rehschnitzerl zielen nämlich nicht nur viele Stammgäste gerne. In dem unter anderem mit dem AMA Gütesiegel ausgezeichneten Betrieb werden jedoch auch Vegetarier bei Vollwertkost, Gemüse und Obst satt, das der Koch oft erst nach der Bestellung im Garten erntet. Oder das von benachbarten Bauern und Winzern stammt. Auf der sonnigen Terrasse kann man das Wasser des Ortsbrunnens plätschern hören und mit hausgemachtem Fruchtsaft und Torten die Energien aufladen, denn Fahrräder stehen gleich zum Ausleihen bereit. Die günstige Lage ermöglicht nämlich auch ländliche Entdeckungen. Und so kann dem aufregenden Tag in der Stadt einer im Weinviertel mit Picknickkorb vom Gasthof Scheiterer folgen. Die Nacht dazwischen schläft man in einem der Komfortzimmer und freut sich auf die freundliche Betreuung am nächsten Morgen. Die schätzen auch Veranstalter von Seminaren oder Festen, ist doch im Saal Platz für bis zu vierhundert Personen.

**GASTHOF SCHEITERER**
Herbert Scheiterer
*Hauptstraße 37-39, A-2202 Enzersfeld*
*Telefon 00 43 (0) 22 62 / 67 33 29*
*Telefax 00 43 (0) 22 62 / 67 24 47*
*scheiterer@aon.at*
*www.scheiterer.at*

# BÜHNENREIF

*Ein Gast kommt, als Freund geht er*

**GESCHMORTE SCHWEINSBACKERLN MIT MARCHFELDSPARGEL UND ERBSENPÜREE**
*Dieses Rezept finden Sie auf der Seite 185*

Schon beim Eintreten in das Foyer ist klar: Dies ist ein besonderer Ort, mehr als ein Wirtshaus, in dem aparte Moderne sich an Klinkerfußböden und Tische mit eingebranntem Namenszug aus der Zeit des Jugendstils schmiegt. Über hundert Jahre lang sind sie unverändert Kulisse des Genusses, so wie damals, als die Urgroßmutter von Michael List das Lokal übernahm. Seit 1995 achten er und seine Frau Marianne darauf, die wertvollsten Bestandteile zusammen mit der gastlichen Tradition zu erhalten. In zwei Stüberln in unterschiedlichen Größen, in der Gaststube und im Gastgarten vertreibt Familie List ganzjährig die Langeweile mit Bällen, Spezialitätenwochen, Heurigen und Themenabenden. Und im ehemaligen Tanzsaal aus dem Jahr 1933, wo sowohl Podium als auch Galerie erhalten sind. „Jeder braucht seine Bühne, um aufzutreten. Der eine in der Kunst, die andere im Leben. Wir sind froh, das bieten zu können."

Herrn Lists Herz schlägt für Künstler, darum treten hier manchmal prominente, manchmal aufstrebende Interpreten und Kabarettisten auf. Im positivsten Sinne hat Michael List aus dem ganzen Lokal eine Bühne für seine Gäste gestaltet, denn „deswegen geht man ja auch aus, weil man sehen und gesehen werden will".

Bei aller Liebe zur Inszenierung bleiben sowohl Lokal als auch Küche bodenständig. Doch dürfen auch Spezialitäten auftreten, die sonst nur noch selten zubereitet werden. Innereien etwa oder in der herkömmlichen Gastronomie selten Verwertetes wie Schweinsbackerl. Das meiste aus Küche und Keller stammt aus der unmittelbaren Umgebung, ist das Marchfeld doch nicht nur eines der wichtigsten Gemüseanbaugebiete Österreichs, sondern darüber hinaus mit zahlreichen Topwinzern gesegnet. Vorhang auf, also, für eine Bühne der Sinne.

**GASTHOF LIST**
Michael List
*Hauptstraße 10, A-2285 Leopoldsdorf im Marchfeld*
*Telefon 00 43 (0) 22 16 / 23 22*
*Telefax 00 43 (0) 22 16 / 23 22*
*buero@gasthoflist.at*
*www.gasthoflist.at*

# EIN LEBEN OHNE FREUDE

*ist wie eine Reise ohne Gasthaus*

**KARPFEN AUF SERBISCHE ART**
*Dieses Rezept finden Sie auf der Seite 184*

Was für eine Lage! Im Zentrum von Orth an der Donau, gleich gegenüber des renovierten ehemaligen Wasserschlosses, einstiger Jagdsitz der Familie Habsburg, ließen sich im Jahr 2010 Roland Taibl und Christine Krappel nieder, um den alteingesessenen Gasthof Zum Schauhuber gutbürgerlich weiterzuführen. Traditionelle Küche prägt die Speisekarte, der es gar nicht schwerfällt, auf die Genüsse der Saison zu reagieren. Sind doch die Marchfelder Gemüseflächen nur wenige Minuten entfernt und liefern Erntefrisches wie Spargel, Kürbisse, „Kraut und Rüben", neuerdings sogar Artischoken. „Salate und Gemüse, die wir verwenden, sind allesamt hier gewachsen." Die Jagdtradition hat sich erhalten und darum ist einerseits Wild in all seinen Formen ein großes Thema. Schloss Orth ist das Zentrum des Nationalparks Donau-Auen, weswegen andererseits Fisch eine ebenso köstliche Rolle spielt. Zander, Wels und Hecht kommen gebacken, auf serbische Art gewürzt oder in delikater Weißweinsauce auf die Tische. Sowohl die traditionelle Gaststube als auch der imposante Gewölbekeller sind in gemütliche kleine Räume gestaffelt. In der oberen Etage stehen Gästen, die einen etwas längeren Aufenthalt planen, moderne Komfortzimmer zur Verfügung.

Der Gasthof wartet darüber hinaus mit zwei Gastgärten auf. Unter Nuss- und Kastanienbäumen können Besucher es sich bei einem lustigen Mittag- oder Abendessen gut gehen lassen. Der Garten des großzügigen Kaffeehausbereichs bietet einen Blick zum Schloss. Die herrlichen Torten und Mehlspeisen sind für viele Wiener das süße Highlight eines Tagesausflugs, das sie sich aber auch direkt im Schlosscafé auf der Zunge zergehen lassen können. Denn das ist ebenfalls in den geschickten Händen der beiden Gastronomen.

**GASTHAUS ZUM SCHAUHUBER**
*Familie Taibl*
*Am Markt 1, A-2304 Orth an der Donau*
*Telefon 00 43 (0) 22 12 / 2 03 99*
*Telefax 00 43 (0) 22 12 / 2 03 99*
*office@zum-schauhuber.at*
*www.zum-schauhuber.at*

# REZEPTE

### ROSA GEBRATENES SCHWEINSFILET IM SPECKHEMD AUF EIERSCHWAMMERL À LA CREME MIT KRÄUTERTALERN
Florianihof, Seite 122

ZUTATEN FÜR 4 PERSONEN
*1,2 kg Schweinefilet, 300 g Rohspeck, Salz, Pfeffer*

1 KG EIERSCHWAMMERL
*½ kg Zwiebeln, gehackte Petersilie, 100 ml Wasser, 1 EL Mehl, 100 ml Milch, Schuss Essig, 2 EL Thymian, 2 EL Majoran*

200 G SEMMELWÜRFEL
*100 ml Milch, 3 EL Mehl, 2 Eier, 1 EL Thymian, 1 EL Majoran, 1 TL Muskatnuss, Schuss Öl*

ZUBEREITUNG
Das Schweinefilet auf beiden Seiten salzen und pfeffern, danach in den, in dünne Scheiben geschnittenen, Speck einwickeln und bei starker Hitze auf allen Seiten anbraten. Im vorgeheizten Ofen bei etwa 150 °C 10 Minuten braten. Eierschwammerl waschen und klein schneiden. Zwiebeln schälen, hacken und in heißem Öl anschwitzen. Bevor die Zwiebeln Farbe annehmen, die Eierschwammerl dazugeben. So lange rösten, bis das gelassene Wasser der Eierschwammerl verdunstet ist. Gehackte Petersilie, Gewürze und ein wenig Mehl beigeben, kurz durchrösten und mit Milch und Wasser aufgießen. Warten, bis die Sauce eine cremige Konsistenz bekommen hat, und nochmals abschmecken.
Für die Kräutertaler die Semmelwürfel in Milch einlegen, mit Eiern, Kräutern und einem Schuss Öl mischen. Danach das Mehl gut einarbeiten und Taler formen.
Die Kräutertaler in einer Pfanne mit Butter auf beiden Seiten goldbraun backen.

### BRATHENDERL MIT SEMMELFÜLLE
Gasthaus Amstätter, Seite 126

ZUTATEN FÜR 4 PERSONEN
*2 Hühner à ca. 1½ kg, 40 g Butter, Salz, Pfeffer*

FÜLLE
*4 Semmeln, 40 g Butter, 2 Eier, 1 EL Petersilie, Muskatnuss, gemahlen*

ZUBEREITUNG
Für die Fülle die Semmeln in etwas Wasser anweichen, ausdrücken und in eine Schüssel geben. Petersilie waschen und grob hacken. Handwarme Butter, Eier, Petersilie und die Gewürze dazugeben und das Ganze mit den Händen gut durchkneten.
Das Huhn innen und außen salzen. Die Semmelmasse einfüllen. Die zerlassene Butter in ein Reindl geben und das Huhn mit der Brustseite darauf setzen. Im auf 200 °C vorgeheizten Backrohr etwa vierzig Minuten braten, dann das Huhn umdrehen und auf der Rückenseite nochmals so lange braten. Nach dem Herausnehmen mit etwa einem achtel Liter Wasser ablöschen, fünf Minuten rasten lassen. Die Henderl tranchieren und auf Tellern anrichten. Den Saft abseihen und über das Henderl gießen.
Beilagen sind die Fülle und Salat nach Saison.

# REZEPTE

## HERRENGULASCH
Gasthof zum Weißen Rössel, Seite 128

### ZUTATEN FÜR 4 PERSONEN
*700g Gulaschfleisch vom Rind (mager oder fett, nach Geschmack), 600g Zwiebeln, 50g Mehl, 5 Knoblauchzehen, 1 TL Kümmel, 1 TL Majoran, 2 TL Paprikapulver edelsüß spezial, 3 TL Schweineschmalz, Schuss Essig, kleine Prise Cayennepfeffer, Salz, 4 Eier, 1 EL Butter, 2 Paar Frankfurter, 4 Essiggurkerl*

### ZUBEREITUNG
Zwiebeln und Knoblauch schälen und klein schneiden. In einem Topf das Schweineschmalz schmelzen, die Zwiebeln darin auf geringer Flamme dunkelbraun rösten. Paprika dazugeben, mit Essig ablöschen und rasch mit etwa eineinhalb Liter Wasser aufgießen. Nach Geschmack eine geringe Prise Cayennepfeffer dazufügen.
Fleisch in Würfel schneiden. Dann zusammen mit dem Salz Kümmel, Majoran und Knoblauch dazugeben. Ungefähr 70 bis 90 Minuten auf kleiner Flamme kochen lassen, je nach Fleischart, bis es weich ist. Eventuell noch nachwässern.
Mehl mit Wasser verrühren, darauf achten, dass keine Klumpen entstehen. In den Gulaschsaft gießen, sodass der Saft gebunden wird. Einmal aufkochen lassen. Auf Tellern anrichten.
Die Frankfurter Würstel etwa vier Minuten auf kleiner Flamme kochen. Je ein Würstel auf das Gulasch legen.
In einer heißen Pfanne die Butter schmelzen und vier Spiegeleier zubereiten. Auf das Gulasch legen. Essiggurkerl fächern und an den Rand legen.
Dazu reicht man traditionellerweise eine Semmel.

## TOPFENNOCKERL
Gasthaus Zum Goldenen Engel, Seite 136

### ZUTATEN FÜR 4 PERSONEN
*20g Butter, 3 Eier, 300 g Topfen (20%), 120g Grieß, Prise Vanillezucker, 100g Semmelbrösel, 30g Zucker, Butter zum Rösten, 50g gemahlener Mohn, 20g Staubzucker, Salz, frische Früchte nach Wahl*

### ERDBEERSAUCE
*200g Erdbeeren, Schuss Rum, 50g Zucker, 1 EL Sauerrahm*

### ZUBEREITUNG
Butter mit Vanillezucker schaumig rühren. Eier trennen, die Eigelb nach und nach zur schaumig gerührten Butter unterrühren. Den Topfen beifügen und gut verrühren.
Dann Grieß und eine Prise Salz hineingeben.
In einer Schüssel die Eiklar zu einem steifen Schnee schlagen und vorsichtig unter die Topfenmasse heben.
Den Teig dann mindestens 30 Minuten kühl rasten lassen.
In der Zwischenzeit in einem großen Topf Wasser zum Kochen bringen.
Mit Hilfe von zwei Esslöffeln zwölf Nockerl formen, in das kochende Wasser einlegen und dann nur mehr ungefähr zehn Minuten ziehen lassen, bis die Nockerl an der Oberfläche schwimmen. Mit einem Siebschöpfer vorsichtig herausnehmen.
In der Zwischenzeit die Semmelbrösel in Butter anrösten und beiseite stellen.
Mohn mit Staubzucker mischen, beiseite stellen.
Erbeeren waschen, klein schneiden und mit dem Stabmixer mixen, mit Rum und Zucker abschmecken.
Jeweils vier Nockerl in den Bröseln und vier in der Mohnmischung wälzen. Jeweils ein Nockerl pro Teller bleibt natur.
Erdbeerspiegel auf den Teller geben, mit Sauerrahm ein Muster ziehen und jeweils mit den drei verschiedenen Nockerln und frischen Früchten dekorativ anrichten.

# REZEPTE

## ROSA REHRÜCKEN MIT PETERSILWURZELPÜREE, EIERSCHWAMMERL UND MARILLEN
Gut Oberstockstall, Seite 124

### ZUTATEN FÜR 4 PERSONEN
*4 Stück Rehrücken, ausgelöst à 170 g, ½ TL Thymian, 2 Wacholderbeeren, Fett zum Braten, ½ TL griffiges Mehl, Salz, Pfeffer*

### PETERSILWURZELPÜREE
*400 g Petersilwurzel, 2 Schalotten, 30 g Butter, 200 ml Gemüsefond, 100 ml Obers, Muskatnuss, Spritzer Zitronensaft*

### EIERSCHWAMMERL
*250 g Eierschwammerl, 1 Schalotte, Thymian, 1 TL gehackte Petersilie, Butterschmalz*

### MARILLEN
*50 g Topfen, 50 g Crème fraîche, 50 g Mehl, 5 g Zucker (Prise), 2 Eidotter, 2 Eiweiß, 6 Marillen, 100 ml Marillensaft, Butter*

### ZUBEREITUNG
Den Rehrücken salzen, pfeffern und mit fein gemahlenen Wacholderbeeren und Thymian bestreuen. In einer heißen Pfanne mit etwas Fett die Rehrücken von allen Seiten anbraten und bei 120 °C ungefähr acht Minuten garen. Danach in Alufolie wickeln und etwa zehn Minuten rasten lassen. Den Bratensatz mit etwas Mehl stauben, mit Rotwein ablöschen, kurz einreduzieren und mit dem Rehfond aufgießen. Mit Salz und Pfeffer abschmecken und mit der kalten Butter binden.
Für das Petersilpüree die Petersilwurzel und die Schalotten waschen, schälen, klein schneiden und beides in Butter anschwitzen. Den Gemüsefond dazugeben und bei mittlerer Hitze weich kochen. Obers zugeben, nochmals aufkochen. Gemüse herausnehmen und mit einem Mixer fein pürieren. Nach Bedarf den restlichen Garsud zugeben und zu einem glatten, feinen Püree verarbeiten. Mit Salz, Pfeffer, Muskatnuss und einem Spritzer Zitronensaft abschmecken.
Für die Eierschwammerl die Pilze putzen und waschen. Butterschmalz in einer Pfanne erhitzen, die Schwammerl dazugeben und kurz anbraten. Die fein geschnittenen Schalotten und den Thymianzweig ebenfalls zugeben, mit Salz, Pfeffer und gehackter Petersilie abschmecken.
Für die Marillen aus Topfen, Crème fraîche, Eidotter, Mehl, Zucker und Salz eine glatte Masse zubereiten. Eiweiß zu Schnee schlagen, vorsichtig unterheben. Kleine Auflaufförmchen mit Butter bestreichen, mit Mehl bestäuben. Die Förmchen bis zur Hälfte mit der Masse befüllen. Zwei Marillen entkernen, in kleine Stücke schneiden und in die vorbereiteten Förmchen drücken. Bei 200 °C etwa acht bis zehn Minuten backen. Die anderen Marillen ebenfalls entkernen, vierteln und im Marillensaft kurz erwärmen.

# REZEPTE

## FILET VOM WEINVIERTLER STROHSCHWEIN MIT STEINPILZEN UND CREME-POLENTA
Hotel-Restaurant Drei Königshof, Seite 130

### ZUTATEN FÜR 4 PERSONEN
*650 g Schweinsfilet, zugeputzt ohne Kopf. Öl zum Anbraten, Salz, Pfeffer aus der Mühle*

### STEINPILZE
*400 g Steinpilze, 20 g Zwiebel, 200 ml Obers, 2 EL getrocknete Steinpilze, 1 TL Schnittlauch, fein gehackt, 1 TL Petersilie, fein gehackt, 1 Stamperl Weißwein*

### POLENTA
*100 g Polenta, ½ l Bouillon, 400 ml Obers, Muskat nach Geschmack, eventuell ein Hauch Knoblauch, 1 TL Butter*

### ZUBEREITUNG
Für die Polenta die Bouillon mit dem Schlagobers aufkochen und den Polenta dazugeben. Immer wieder umrühren und etwa eine halbe Stunde lang auf sehr schwacher Flamme ziehen lassen. Zum Schluss Salz, Pfeffer, Muskat, eventuell einen Hauch Knoblauch dazugeben. Sie muss eine cremige, püreeartige Konsistenz bekommen. Dann noch einen Teelöffel Butter darunterziehen.

Für die Steinpilzsauce den getrockneten Steinpilz in 120 Milliliter kochendes Wasser geben und auf etwa 100 Milliliter einreduzieren lassen. Abseihen. Zwiebel schälen und klein hacken. In einer Pfanne Öl erhitzen und die gehackten Zwiebel darin glasig anschwitzen. Steinpilze putzen und in Scheiben schneiden. In die Pfanne geben, etwas anrösten. Mit Weißwein ablöschen, bevor man den Fond und Schlagobers dazugibt. Einmal kurz aufkochen lassen und bis zur Sämigkeit rühren. Mit Salz und Pfeffer aus der Mühle abschmecken, die gehackten Kräuter dazugeben, beiseite stellen.

In einer Pfanne Öl erhitzen und das Schweinsfilet im Ganzen scharf anbraten. Salzen und pfeffern aus der Mühle. Im vorgeheizten Rohr bei 170 °C ungefähr acht bis zehn Minuten braten. Dann herausgeben und in eine Alufolie einwickeln. Darin das Fleisch im offenen Backrohr oder an einem warmen Platz warm halten. Das Fleisch sollte fünf bis zehn Minuten rasten. Aufschneiden und anrichten.

Mit etwas altem Balsamico abschließen.

# REZEPTE

### FORELLENFILETS MIT KOHLRABIRAGOUT
Goldenes Bründl, Seite 134

ZUTATEN FÜR 4 PERSONEN
*8 Forellenfilets mit Haut je 80 g, Saft 1 Zitrone, 1 EL Pflanzenöl oder Butterschmalz zum Braten, Salz, Pfeffer aus der Mühle*

KOHLRABIRAGOUT
*1 großer Kohlrabi, 250 g speckige Erdäpfel, 800 ml Gemüsefond (oder Wasser), Safran, 100 g Zwiebeln, fein geschnitten, 25 g Butter, 100 ml Weißwein, 50 ml Nolly Prat (Wermut), 600 ml Kochfond, 100 ml Obers, 200 g Sauerrahm, 1 gestrichener EL Mehl (16 g), Zucker, Cayenne, Muskatnuss, geschnittener Schnittlauch zum Vollenden*

ZUBEREITUNG
Kohlrabi schälen und in eineinhalb Zentimeter große Würfel schneiden. In einem Topf den Gemüsefond oder das Wasser zum Kochen bringen, einige Safranfäden dazugeben und den Kohlrabi darin bissfest kochen.
In der Zwischenzeit die Erdäpfel schälen und in ein Zentimeter große Würfel schneiden. Kohlrabi mit dem Lochschöpfer aus dem Fond heben und auf einem Blech auskühlen lassen. In dem Fond die Erdäpfel bissfest kochen, wieder abschöpfen und ebenfalls auf dem Blech auskühlen lassen.

Zwiebeln fein schneiden und in Butter glasig anschwitzen, mit Weißwein und Nolly Prat ablöschen und mit 600 Millilitern des Kohlrabikochfonds und dem Obers auffüllen. Etwas einkochen lassen. In einem Mixglas pürieren und durch ein feines Sieb wieder in den Topf gießen. Noch einmal aufkochen lassen. Einige Esslöffel dieser Sauce mit Sauerrahm und Mehl in den Mixbecher geben und pürieren. Dieses »Rahmgmachtl« in die heiße Sauce zurück leeren. Kochen lassen, mit Salz, Zucker, Pfeffer, Cayenne und Muskatnuss abschmecken. Kohlrüben und Erdäpfelwürfel kurz vor dem Servieren erneut in der Sauce erwärmen. Vor dem Anrichten Schnittlauch dazugeben. Forellenfilets mit Zitronensaft, Salz und Pfeffer würzen und in einer beschichteten Pfanne im heißen Fett auf der Hautseite goldbraun braten.
Kohlrabiragout in einem tiefen Teller anrichten und die gebratenen Forellenfilets draufsetzen.

TYPISCHER ALTER KELLER IN DER KELLERGASSE VON PILLICHSDORF

# REZEPTE

## WEINVIERTLER GRAMMELERDÄPFELROULADE AUF PAPRIKA-CHILIKRAUT
Gasthaus an der Kreuzung, Seite 138

### ZUTATEN FÜR 4 PERSONEN

#### KARTOFFELTEIG
*500g Kartoffeln, mehlig, 30g Butter, 1 Ei, 150g griffiges Mehl, 1 HV Grieß, Salz, Muskat*

#### GRAMMELFÜLLE
*300g Grammeln, 150g Zwiebeln, 1 EL Petersilie, 1 TL Majoran, 2 Knoblauchzehen*

#### PAPRIKACHILIKRAUT
*150g Zwiebeln, 1 gelber Paprika, 1 roter Paprika, 2 TL Paprikapulver edelsüß, Prise Salz, 1 TL Zucker, Schuss Ahornsirup, 1 Chilischote, 1 TL Maizena zum Abbinden*

### ZUBEREITUNG

Für den Kartoffelteig die Erdäpfel in der Schale weich kochen und dann schälen. Heiß durch die Kartoffelpresse drücken. Butter zerlassen und zusammen mit dem Ei, dem Grieß, Muskat und Salz auf dem Nudelbrett zu einem Teig kneten. Während des Knetens das Mehl einarbeiten.
Für die Grammelfülle die Zwiebeln klein würfeln und in einem Topf mit einem Esslöffel Butter oder Öl glasig anschwitzen, Grammeln dazugeben und mitrösten. Mit Salz, Pfeffer, Knoblauch, gehackter Petersilie und Majoran abschmecken. Einmal erhitzen. Kaltstellen.
Kartoffelteig auf einem bemehlten Tuch mit einem Nudelholz auf etwa 0,5 Zentimeter ausrollen. Auf zwei Drittel der Teigfläche die Grammeln verteilen und zu einer Rolle formen. Das Ganze in Klarsichtfolie wickeln, dann in Alufolie und danach für 50 Minuten im Wasserbad langsam köcheln lassen.
Währenddessen Weißkraut, Zwiebeln und Paprika nudelig schneiden. Zwiebeln in einem Topf glasig anrösten. Weißkraut und Paprika dazugeben. Mit Paprikapulver paprizieren. Die Chilischote entkernen, kleinwürfelig schneiden, in den Topf geben. Mit Salz, Zucker und Ahornsirup abschmecken. Zum Schluss Maizena mit etwas Wasser anrühren und das Chilikraut damit abbinden.
Das Chilikraut auf den Teller geben, die Roulade portionieren und darauf drapieren. Die Stücke vor dem Anrichten eventuell noch einmal kurz mit etwas Butter in der Pfanne anbraten.

# REZEPTE

## GEDÜNSTETE KALBSVÖGERL MIT STEINPILZ-ERDÄPFELTALERN UND GEWÜRZ-MARILLEN
Hotel Althof, Seite 140

### ZUTATEN FÜR 4 PERSONEN
*800 g Kalbsvögerl, 100 g Karotten, 50 g Sellerie, 50 g gelbe Rüben, 1/16 l Öl, 100 g Zwiebeln, 1 EL Tomatenmark, 250 ml Rotwein, 500 ml Suppe, ½ TL Salz, 2 TL Zucker, 10 Pfefferkörner, 5 Wacholderbeeren, 1 Lorbeerblatt, 2 EL Maisstärke*

### GEWÜRZMARILLEN
*200 g Marillen, 2 TL Zucker, 2 Sternanis, 1 kleine Zimtstange, 6 Gewürznelken, 1 Msp. gemahlene Vanille, 5 weiße Pfefferkörner, ½ TL Ingwer, 1 Kardamom, 200 ml Weißwein, ¼ Orange (Abrieb), 100 g Gelierzucker 1:2*

### ERDÄPFELTASCHERL
*250 g Erdäpfel, 150 g Mehl, Salz, Muskat, 1 Ei, 1 TL Butter*

### ZUBEREITUNG
Karotten, Sellerie, gelbe Rüben schälen und grob schneiden. In einem großen Topf das Öl erhitzen und das Gemüse anbraten, dann die Zwiebeln schälen, grob würfeln und mitrösten, bis sie dunkel, aber nicht schwarz sind. Tomatenmark beigeben, leicht bräunen, mit Rotwein ablöschen. Aufkochen lassen. Mit Suppe aufgießen, Salz und Zucker beigeben. Pfefferkörner, Wacholderbeeren, Lorbeerblätter in einen Teebeutel oder ein Gewürzei geben und in den Topf legen. Aufkochen lassen. Das Fleisch in zwei oder drei große Stücke teilen, mit Salz und Pfeffer würzen und scharf anbraten. Dann in den Gemüsetopf geben. Zugedeckt im vorgeheizten Backrohr bei ca 190 °C etwa 90 Minuten dünsten. Anstechen, um zu sehen, ob sie schon weich sind. Wenn sie weich sind, das Fleisch und die Gewürze herausnehmen. Das Gemüse mit dem Pürierstab mixen und durch ein Sieb passieren. Die Maisstärke mit 1/16 l Wasser verrühren und die kochende Sauce damit abbinden. Das Fleisch in 1½ cm dicke Scheiben schneiden und in die Sauce geben.
Für die Gewürzmarillen Zucker mit Sternanis, Zimt, Nelken, Vanille, Pfefferkörnern, Kardamom in einem Topf mit dem Kristallzucker karamellisieren lassen und mit Weißwein ablöschen. Ingwer reiben und mit dem Abrieb der Orange beigeben, dann auf die Hälfte einreduzieren lassen. Gelierzucker einrühren, zwei Minuten kochen lassen. Marillen in zwei Zentimeter große Würfel schneiden, einmal aufkochen lassen.
Für die Erdäpfeltascherl die Kartoffeln kochen, schälen und pressen, noch heiß mit Mehl, Salz, Muskat und mit einem Ei zu einem kompakten Teig verkneten. Mit griffigem Mehl mit dem Nudelwalker zu einem 5 bis 6 Millimeter dicken Teigboden ausrollen. 7 bis 8 Zentimeter große Kreise ausstechen. In etwas Butter beidseitig goldbraun braten.

# REZEPTE

## REHRÜCKEN MIT MANGOLD, TIROLER PREISELBEEREN UND GRIESSROULADEN
Schlosskeller Mailberg, Seite 142

ZUTATEN FÜR 4 PERSONEN

*1 Rehrückenfilet (ca. 700-900g), 8-10 große Mangoldblätter, 5 Scheiben »grüner« Speck (nur das Fett), Öl zum Braten, 200g Preiselbeeren, 1 EL Zucker, Schuss Cognac, 150g Grieß, 600ml Milch, 100g Butter, 4 Dotter, eventuell 1 EL Kräuter aus dem Garten, fein geschnitten, Salz, Pfeffer*

SAUCE

*1kg gehackte Rehknochen, 2 Schalotten, 1 Bouquet Garni, 2 Lorbeerblätter, 1 EL Wacholderbeeren, 1 EL Tomatenmark, 1l Rotwein guter Qualität, 1l Fleischfond oder Suppe*

ZUBEREITUNG

Für den Rehrücken das Fleisch im Ganzen rundum scharf anbraten, auskühlen lassen.

Mangold im Ganzen im heißen Wasser kurz blanchieren, auf einem Tuch abtrocknen und einzeln auflegen. Speck in dünne Scheiben schneiden, auf den Mangold legen, kräftig salzen und pfeffern, den erkalteten Rehrücken darauf legen und damit einwickeln. Im Rohr bei 180 °C zirka sechs bis neun Minuten fertig garen.
Für die Sauce die Knochen in einem großen Topf mit Öl sorgfältig rösten. Schalotten und Bouquet Garni ungeschält, aber gewaschen, in walnussgroße Stücke schneiden und mitrösten, bis alles schön braun ist. Mit Tomatenmark tomatisieren und nach einigen Minuten mit dem Rotwein nach und nach ablöschen. Bis auf ein Drittel einreduzieren und mit Fleischfond oder Suppe aufgießen. Etwa sechs Stunden langsam bei kleiner Hitze köcheln lassen. Durch ein feines Sieb seihen und mit Salz und Pfeffer abschmecken.

Für die Preiselbeeren die gewaschenen Beeren in einem kleinen Topf erhitzen, bis sie aufplatzen, Zucker beifügen, leicht karamellisieren lassen und mit Cognac ablöschen. Zwei bis drei Minuten kochen lassen, nach Geschmack zart salzen.

Den Grieß mit Milch zu einem dicken Brei kochen, salzen und mit Dotter legieren. In Frischhaltefolie wickeln, in Alufolie einpacken. Im Wasserbad 25 Minuten sieden lassen, aus dem Wasser nehmen und in beliebig große Stücke schneiden. Vor dem Anrichten in flüssiger Butter schwenken.

Das Rehfilet portionieren, auf die Teller legen, Jus daneben gießen, mit den Preiselbeeren drapieren und die Grießtaler beilegen.

# REZEPTE

### GEGRILLTE TERIYAKIRIPPERL
Gasthaus Zeiner, Seite 148

ZUTATEN FÜR 4 PERSONEN
*8 Längen Schweinsrippen*

BEIZE
*½ l Saft von Ananas, Pfirsich, Marille oder Multifrucht, 200 ml Sojasauce, 2 Zwiebeln fein gehackt, 2 EL Sesamöl, 2 EL geriebener Ingwer, 4 Knoblauchzehen, 2 EL brauner Zucker, 1 EL Zitronensaft, Salz, Pfeffer*

ZUBEREITUNG
Von der Unterseite der Rippen das Silberhäutchen entfernen. Auf beiden Seiten salzen und pfeffern. In einem Dunstkessel etwas Wasser zum Kochen bringen, die Ripperl in das Sieb legen und 20 Minuten bei geschlossenem Deckel dünsten. Herausnehmen. So vorbereitet kann man sie mehrere Tage im Kühlschrank lagern.
Für die Beize den Fruchtsaft zusammen mit der Sojasauce, Zitronensaft, Zucker und Sesamöl in eine Schüssel geben. Zwiebeln, Ingwer und Knoblauch schälen. Zwiebeln fein schneiden, Knoblauch und Ingwer fein reiben und mit der Flüssigkeit in der Schüssel vermengen.
Man kann das Fleisch in der Beize eine Nacht lang marinieren oder auch erst kurz vor dem Grillen durch die Beize ziehen. Danach ist es für den Griller bereit.
Als Beilagen eignen sich Folienerdapfel und gebratenes oder gegrilltes Gemüse und Knoblauchbrot.

### GEFÜLLTE ROULADE VOM ERNSTBRUNNER JUNGWEIDERIND
Adlerbräu, Seite 150

ZUTATEN FÜR 4 PERSONEN
*4 Stück Gusto (Schwarzes Scherzl, à 180 g), 4 EL griffiges Mehl, 4 EL Estragonsenf, Salz, Pfeffer schwarz, 8 cl Rapsöl*

FÜLLE
*8 Scheiben Bauerngeselchtes (à 15 g), 8 Scheiben Landspeck (à 15 g), 4 Essiggurkerl, 120 g Steinpilze und Eierschwammerl gemischt*

SAUCE
*300 g Wurzelwerk, 3 Lorbeerblätter, 0,7 l Rindsuppe*

ZUBEREITUNG
Die Fleischstücke auf beiden Seiten salzen und pfeffern und dann auf der Innenseite mit je einem Esslöffel Senf bestreichen. Pro Roulade jeweils zwei Scheiben Speck und zwei Scheiben Geselchtes darauf legen. Essiggurkerl in Scheiben schneiden und auf dem Fleisch verteilen. Pilze putzen, eventuell etwas zerkleinern und roh darauf legen. Zu Rollen formen, in Alufolie wickeln und gut verschließen. So bleibt das Aroma besser im Fleisch.
Das Öl in ein Reindl geben und auf dem Herd erhitzen. Darin die Rouladen in der Alufolie an beiden Seiten scharf anbraten.
Wurzelwerk waschen, schälen, in grobe Stücke schneiden und zu den Rouladen geben, mit Mehl bestäuben und etwas mitrösten. Mit der Rindsuppe aufgießen und zirka eine Stunde dünsten, je nach Fleischqualität auch länger, bis es weich ist. Die Rouladen herausnehmen, aus der Alufolie lösen und halbieren. Auf die Teller dekorieren.
Mit dem Pürierstab die Sauce im Reindl pürieren und über das Fleisch gießen.
Dazu passen Serviettenknödel oder Teigwaren.

# REZEPTE

## REHRÜCKENFILET AUF HAUSGEMACHTEM ROTKRAUT UND SERVIETTENKNÖDEL
Steiner's Annenheim Café-Restaurant, Seite 152

### ZUTATEN FÜR 4 PERSONEN
*1 kg Rehrücken, 2 Thymianzweige, 3 EL Öl zum Anbraten, 300 g frisches Rotkraut, klein gewürfelt, 1 Zwiebel, fein gehackt, 4 EL Zucker, 3 EL Öl, ¼ l Orangensaft, Saft von 1 Zitrone, ¼ l Rotwein, 2 EL Honig, 1 Zimtrinde, 1 Msp. Nelkenpulver, 2 EL Preiselbeeren, 2-3 EL Maizena, Salz, Pfeffer*

### SERVIETTENKNÖDEL
*1 Toastbrot entrindet (klein gewürfelt), 125 g Butter, 5 Dotter, 140 g Sauerrahm, Muskatnuss*

### BRATENSAFT
*Knochen vom Reh, Fleischabfälle (Silberhäutchen, Abschnitte vom Fleisch), 2 Karotten (gewürfelt), ½ Sellerie (gewürfelt), 1 Zwiebel (gehackt), ½ Tube Tomatenmark, ⅛ l Rotwein, ½ l Fond oder Suppe*

### ZUBEREITUNG
Das Rotkraut am Vortag marinieren. Mit Orangen- und Zitronensaft, Zimtrinde, Honig, Rotwein, Salz, Pfeffer, Preiselbeeren und Nelkenpulver bedecken. 12 bis 24 Stunden kühl ziehen lassen. Öl und Zucker leicht goldgelb karamellisieren. Gehackte Zwiebel beifügen, mit Rotkraut aufgießen, zugedeckt ungefähr 20 bis 25 Minuten dünsten.

Für die Serviettenknödel zimmerwarme Butter schaumig schlagen, Dotter beifügen. Die Hälfte vom Sauerrahm beigeben. Weißbrotwürfel mit dem restlichen Sauerrahm vermengen. Dotter-Buttermischung beifügen. Mit Salz und etwas Muskatnuss würzen. Die Masse in einer Klarsichtfolie zu einer Stange rollen. Dann in Alufolie wickeln und 25 bis 30 Minuten leicht köcheln lassen. In Scheiben schneiden.

Für den Rehrücken das Fleisch entvliesen (die Silberhäutchen entfernen), salzen, pfeffern. Rehrücken auf allen Seiten insgesamt etwa drei bis fünf Minuten anbraten, je nach Stärke und nach gewünschter Garung. Herausnehmen, am Brett rasten lassen.

Thymian in die heiße Pfanne geben. Rotwein beifügen und mit den Bratenrückständen oder dem Bratensaft leicht mit Maizena binden.

Für den Bratensaft die Knochen und Fleischabfälle anrösten, Karottenwürfel, Selleriewürfel mitrösten, Tomatenmark beigeben. Mit Rotwein ablöschen, mit Fond oder Suppe aufgießen und zwei Stunden köcheln lassen. Abseihen.

# REZEPTE

## SCHWEINEFILET AN GERÖSTETEN EIERSCHWAMMERLN UND KARTOFFELTÖRTCHEN
Restaurant Diesner, Seite 154

### ZUTATEN FÜR 4 PERSONEN

### GERÖSTETE EIERSCHWAMMERL
*800g Eierschwammerl, 60g Butter, 2EL Petersilie, 2 Zwiebeln, Salz, Pfeffer*

### SCHWEINEFILET
*800g Schweinefilet im Ganzen, 250g Pflanzenöl, Salz, Pfeffer*

### KARTOFFELTÖRTCHEN
*600g feste Kartoffeln, 100g Zwiebeln, 7EL Öl oder Schmalz, 4 Eier, Salz, Muskat, gerieben*

### ZUBEREITUNG

Für die Eierschwammerl die Zwiebeln schälen, schneiden und fein hacken. Die Eierschwammerl putzen, je nach Größe schneiden. Die Butter in einer Pfanne erhitzen und die Zwiebeln darin goldgelb rösten. Die Schwammerl dazugeben und unter ständigem Rühren bei großer Hitze weiterrösten. Salzen und pfeffern. Mit Petersilie bestreuen und anrichten.

Das Schweinefilet von Häuten befreien. Mit Salz und Pfeffer würzen und in einer Pfanne mit etwas Pflanzenöl goldbraun anbraten. Anschließend in einer hitzebeständigen Form im Backofen bei 140 °C 15 Minuten garen. Danach das Fleisch 10 Minuten rasten lassen und in Scheiben schneiden.

Für die Törtchen die Kartoffeln schälen und grob raspeln. Die Zwiebeln schälen und grob schneiden. Schmalz oder Öl in einer großen Pfanne erhitzen, die Kartoffeln locker dazugeben und bei mittlerer Hitze schnell anbraten. Wenn sie beginnen, Farbe anzunehmen, Zwiebeln und Salz zufügen und unter gelegentlichem Wenden weiterbraten. Eier trennen. Eidotter in die Masse rühren. Das ist der Zeitpunkt, wo die Ausstechförmchen zum Einsatz kommen. Sie werden einfach über die Kartoffelmasse gestülpt, dann aufgefüllt. Mit dem Löffel die Masse etwas andrücken, damit die Kartoffeln Bindung bekommen. Bei Mittelhitze weiterbraten, bis die Unterseite leicht resch ist. Die Förmchen wenden und auch die zweite Seite knusprig braten.

# REZEPTE

### GEFÜLLTE HÜHNERBRUST AUF EIERSCHWAMMERL-LAUCHGEMÜSE
Gastwirtschaft Neunläuf, Seite 156

#### ZUTATEN FÜR 4 PERSONEN
*4 Stück Hühnerbrust, 750 g Eierschwammerl, 750 g Lauch, in Ringe geschnitten, 250 ml Eierschwammerlsuppe oder Obers, Prise Zucker, Salz, Pfeffer*

#### FÜLLE
*1 kg Weißbrotwürfel, 400 ml Milch, 8 Eier, 4 EL frisch gehackte Gartenkräuter (Petersilie, Majoran, Oregano, Basilikum, Thymian), Muskatnuss, Öl zum Anbraten*

#### ZUBEREITUNG
In die Hühnerbrüste der Länge nach eine Tasche schneiden. Für die Fülle die Semmelwürfel, Milch, Eier, Gartenkräuter, Salz, Pfeffer und Muskatnuss in einer Schüssel mit den Händen gut vermengen. Diese Masse in die Taschen der Hühnerbrüste füllen. Anschließend in einer Pfanne das Öl erhitzen und die Stücke beidseitig scharf anbraten. Dann im auf 180 bis 200 °C vorgeheizten Backrohr 15 bis 20 Minuten fertig braten.
Für das Eierschwammerl-Lauchgemüse die Eierschwammerl putzen und in zwei Esslöffel Butter anbraten. Den Lauch waschen und in Ringe schneiden, zu den Eierschwammerln dazugeben und mit anbraten. Salzen, pfeffern, eine Prise Zucker darüber streuen. Mit Eierschwammerlsuppe oder mit Obers einmal aufkochen und anrichten.

### LACHSFILET AUF KÜRBIS-PAPRIKAGEMÜSE MIT ROSMARINERDÄPFELN UND GEBRATENEN SPECKSCHEIBEN
Kotányi, Seite 160

#### ZUTATEN FÜR 4 PERSONEN
*4 Lachsfilets à 150 g, 4 EL Olivenöl, 8 Scheiben Bauchspeck, dünn geschnitten, 8 Erdäpfel, 2-3 Zweige Rosmarin oder 1 TL getrockneter Rosmarin, ½ Hokkaido-Kürbis, 1 roter Paprika, 1 Zwiebel, 1 TL Paprikapulver, ¼ l Gemüsebouillon, 2 EL Butter, 1 TL Maisstärke, Salz, Pfeffer aus der Mühle*

#### ZUBEREITUNG
Für das Kürbis-Paprikagemüse den Kürbis und den Paprika in gleich große Würfel schneiden. Zwiebel klein schneiden und in einem Topf mit etwas Öl anschwitzen, den Kürbis und den Paprika dazugeben. Kurze Zeit gut durchrösten und mit der Gemüsebouillon aufgießen. Einige Minuten köcheln lassen und mit Butter verfeinern. Mit Salz und Pfeffer abschmecken. Wenn notwendig, mit Maisstärke binden.
Die Lachsfilets mit Salz und Pfeffer aus der Mühle würzen. In einer Pfanne an der Hautseite zuerst scharf anbraten und vor dem Servieren im Ofen kurz, etwa fünf Minuten, bei 180 °C fertig garen.
Für die Rosmarinerdäpfel die Erdäpfel waschen und mit der Schale halbieren. Bissfest kochen, abtropfen lassen und in etwas Öl goldbraun braten. Vor dem Servieren den Rosmarin klein hacken und darüber streuen. Mit Salz würzen.
Die Speckscheiben auf ein Backblech mit Backpapier legen und ungefähr zehn Minuten bei 200 °C knusprig braten.
Mit frischen Kräutern wie Thymian, Rosmarin und etwas Kernöl garnieren.

# REZEPTE

## SCHWEINSFILETSPIESS
Schurlwirt, Seite 162

### ZUTATEN FÜR 4 PERSONEN
*900 g Schweinsfilet, 200 g Jausenspeck, 1 Paprika, 1 kg mehlige Erdäpfel, Salz, Pfeffer, 4 EL Rapsöl, 1 große Zwiebel, 1 Frankfurter Würstel*

### KRAUTSALAT
*½ Weißkrautkopf, 1 TL Kümmel im Ganzen, 2 TL Salz, Prise Pfeffer aus der Mühle, Hirschbirnenessig, 1:1 gemischt mit Wasser, 1 EL Öl, Zucker*

### ZUBEREITUNG
Das Fleisch in 20 gleich große Stücke schneiden. Das Würstel vierteln. Paprika waschen, in große Stücke schneiden, Zwiebel schälen und in große Fächer zerteilen. Den Speck millimeterdünn schneiden und zusammenrollen. Die Spieße abwechselnd damit bestücken.
In einer Pfanne mit heißem Öl anbraten, mehrmals wenden, wenn man das Fleisch durch möchte, dann zugedeckt einige Minuten ziehen lassen.
Den fertig gebratenen Spieß auf die Erdäpfel und den Krautsalat legen. Dazu passen Cocktail- und Sweet-Chili-saucen.

Für die Erdäpfel die Kartoffeln in der Schale weich kochen. Schälen, auskühlen lassen und in Spalten zerteilen. In einer Fritteuse die Kartoffelspalten frittieren, bis sie goldbraun sind. Dann salzen und auf den Teller legen.
Für den Krautsalat das Kraut am Vortag fein schneiden, Kümmel, Salz, Pfeffer, Essigwasser (10%iger Hirschbirnenessig) und Öl dazugeben sowie gut vermengen. In der Marinade ziehen lassen.
Mit einem Rosmarinzweig dekorieren.

# REZEPTE

## SPARGELRÖLLCHEN MIT PETERSILKARTOFFELN
Gasthof Scheiterer, Seite 164

ZUTATEN FÜR 4 PERSONEN

*16 Stück Spargel, 1 EL Zucker, 16 Blatt Pressschinken, 16 Blatt Gouda, 2 HV Mehl, 3 HV Brösel, 5 Eier, 1 kg Butterschmalz, 1 kg speckige Erdäpfel, 1 HV gehackte Petersilie, 100 g Butter, Salz*

ZUBEREITUNG

Spargel vom Kopf weg vorsichtig schälen, sodass er nicht abbricht.
In einem großen Topf vier Liter Wasser, drei Esslöffel Salz und einen Esslöffel Zucker zum Kochen bringen. Den Spargel in das kochende Wasser geben. Nach dem ersten Aufwallen den Herd zurückdrehen, damit die zarten Köpfe nicht zerkocht werden. Je nach Dicke des Spargels einige Minuten (zirka zehn) bis zur Bissfestigkeit ziehen lassen. Spargel aus dem Wasser nehmen und auf einem Küchentuch abtropfen lassen.
Auf jede Scheibe Pressschinken eine Scheibe Gouda legen, den Spargel darin einrollen.
Brösel und Mehl auf eine Arbeitsfläche häufen. Die Eier in eine flache, große Schüssel schlagen und verquirlen.
Die eingerollten Spargel zuerst in Mehl wälzen, dann in die Eiermasse, gleich danach in die Brösel tauchen, damit sich die Rolle nicht auflösen kann.
In einer großen Pfanne das Butterschmalz sehr hoch erhitzen (auf 150 °C) und die Röllchen vorsichtig einlegen. Etwa eine Minute schwimmend zur goldbraunen Farbe herausbacken. Abtropfen lassen und servieren.
Für die Petersilkartoffeln die Erdäpfel in der Schale kochen, schälen, vierteln. In einer Pfanne Butter schmelzen lassen, Petersilie hineingeben, die Kartoffeln darin schwenken. Salzen und zum Spargel servieren.

## KARPFEN AUF SERBISCHE ART
Gasthaus Zum Schauhuber, Seite 168

ZUTATEN FÜR 4 PERSONEN

*1 Karpfen, ausgenommen, ca. 2 kg, 1 Zitrone, 50 g Paprikapulver, 200 g Mehl, Salz, Pfeffer*

KNOBLAUCHBUTTER

*125 g Butter, 4 Knoblauchzehen*

PETERSILKARTOFFELN

*½ kg Kartoffeln, mehlig, 1 HV gehackte Petersilie, 1 EL Butter*

ZUBEREITUNG

Den Fisch ausnehmen, den Kopf entfernen, die Flossen belassen – sie sind essbar und eine knusprige Köstlichkeit. Der Länge nach halbieren. Die Hälften in der Mitte teilen. Fisch schröpfen, das heißt, feine, tiefe Schnitte in die Haut einbringen. Die Fischstücke unter fließendem Wasser waschen, mit Zitronensaft beträufeln und aus der Mühle salzen.
Mehl in einen Suppenteller geben, dann etwa einen Teelöffel Paprikapulver dazu mengen und die Fischstücke darin wälzen. In der Fritteuse oder in einer Pfanne bei etwa 160 °C ungefähr fünf bis sieben Minuten frittieren. Herausnehmen und mit Küchenpapier abtrocknen.
Für die Knoblauchbutter die zimmerwarme Butter in einer Schüssel aufschlagen. Knoblauch schälen und klein hacken. Mit Salz und Pfeffer würzen und in die Butter einarbeiten. Mit zwei Löffeln vier Nockerln formen und diese auf den heißen Karpfen legen.
Die Erdäpfel mit der Schale weich kochen. Schälen und nach Wunsch zerkleinern. Butter in einer Pfanne leicht braun werden lassen, die Erdäpfelstücke darin schwenken und salzen. Herausnehmen. Petersilie zerkleinern und über die Erdäpfel streuen.
Dazu passt gemischter Salat.

# REZEPTE

## GESCHMORTE SCHWEINSBACKERLN MIT MARCHFELDSPARGEL UND ERBSENPÜREE
Gasthof List, Seite 166

### ZUTATEN FÜR 4 PERSONEN

#### SCHWEINSBACKERLN
*8 Schweinsbackerln, Salz, Pfeffer, 2 EL Olivenöl, 100 g Sellerie, 100 g Karotten, 80 g Zwiebeln, 2 EL Tomatenmark, ¼ l Rotwein, ¼ l Johannisbeersaft, ¼ l Rindsuppe (oder Wasser), 5 schwarze Pfefferkörner, 2 Lorbeerblätter, 5 Wacholderbeeren, 1 Zweig Thymian, 1 Zweig Rosmarin, 1 EL Stärkemehl*

#### ERBSENPÜREE
*½ kg Erbsen, 1 Schalotte, 1 Knoblauchzehe, 2 EL Butter, ⅛ l Schlagobers, Muskat*

#### SPARGEL
*8 Stück Spargel, 1 EL Zucker, ½ Zitrone, 1 TL Butter*

### ZUBEREITUNG

Für die Schweinsbackerln das Fleisch salzen, pfeffern und in heißem Öl kurz anbraten. Sellerie, Karotten und Zwiebeln schälen, in daumendicke Würfel schneiden und zum Fleisch geben. Mitrösten, bis das Gemüse eine leicht bräunliche Farbe angenommen hat. Tomatenmark beigeben, durchschwenken, mit dem Rotwein ablöschen. Mit Suppe oder Wasser und Johannisbeersaft aufgießen. Die Gewürzzweige beigeben. Damit die Schweinsbackerl butterweich werden, sollte man sie ungefähr eine Stunde lang dünsten lassen. Sauce abseihen. Fleisch beiseite legen. Das Stärkemehl mit einem Esslöffel kaltem Wasser verrühren, der Sauce beifügen. Nochmals aufkochen lassen.
Den Spargel schälen und mit Salz, Zucker, dem Saft der Zitrone und etwas Butter in Wasser bissfest kochen. Tipp: Gibt man eine altbackene Semmel oder eine Scheibe Toastbrot ins Kochwasser, so kann man dem Spargel die Bitterstoffe entziehen.
Für das Erbsenpüree die Zwiebel und den Knoblauch schälen und klein schneiden. In Olivenöl anschwitzen. Mit Schlagobers aufgießen und einmal aufkochen lassen. Erbsen dazugeben, kurz weiterkochen lassen und anschließend mit dem Stabmixer pürieren. Würzen und die Butter einrühren.

WEIZENFELD IM WECHSELGEBIRGE

MYRAFÄLLE

# VIELFÄLTIGE WIENER VORALPEN

*Im Foyer der Alpen Majestäten begegnen*

**W**as in Österreich Industrieviertel heißt, hat den Namen nicht nur, weil gewaltige Masten für Stromleitungen wie urzeitliche Riesenskelette aus dem Boden ragen. Oder gar erst, seitdem sich Windräder wie gigantische Libellenschwärme hinter den Auen niedergelassen haben. Es bedeutet auch mehr als eine Zone der Produktionshallen und Forschungszentren, der Entwicklungsbetriebe und Shopping-Citys. Der Name des südöstlichen Niederösterreich bezieht sich auf die frühe Entwicklung der Industrie, die hier schon seit 1783 den wirtschaftlichen Schwerpunkt bildete. Bereits Kaiserin Maria Theresia setzte als Förderin des aufstrebenden Einkommenszweiges sehr frühe, zum Teil noch erhaltene Akzente. Auf der niederösterreichischen Industriestraße warten bedeutsame Dokumente österreichischer Industriegeschichte. Betriebe, die sich seit dem 19. Jahrhundert an den Flußläufen der Triesting, Piesting, Schwarza und Fischa angesiedelt haben, erlauben auf fünf verschiedenen Routen Einblick in den früheren Arbeitsalltag mit interessanten Produktionsstätten von Metall, Textilien, Kohle, Kalk und Ziegeln. Nicht einmal hier wird die Landschaft öde, stets lassen Gebirgszüge oder Hügelketten am Horizont etwas von den berühmten Naturschönheiten erahnen.

Nur wenige Kilometer trennen diese Straßen von den sanften Hügeln um Gumpoldskirchen am Fuß des Anninger, dessen Weine seit Jahrhunderten von anspruchsvollen Genießern gerühmt werden. Die pittoreske Marktgemeinde, zwanzig Kilometer südlich von Wien, wartet zudem mit einem historischen Ortskern auf, in dessen Renaissancehöfen die Zeit stillzustehen scheint. Das Rathaus mit dem mächtigen Turm und den Arkadenreihen ist vermutlich in der ganzen Welt bekannt, ist es doch auf vielen Weinetiketten abgebildet. Die Weinbautradition ist Jahrtausende alt, denn schon unter Kaiser Probus bauten die Menschen in der Thermenregion Wein an. Die Rebe des Zierfandler, den es nur in und um Gumpoldskirchen gibt, stellt hohe Ansprüche an Klima und Lage, seine Trauben ergeben einen extraktreichen Weißwein. Auch der Rotgipfler, ebenfalls ein voller Weißer, wird nur hier angebaut. Darüber hinaus besitzt Gumpoldskirchen mit dem „Königswein" die älteste geschützte Weinmarke Österreichs.

Es erstaunt, wie schnell man von dieser südländisch anmutenden Weinregion die alpine Bergwelt des Semmering, der Rax und des Schneebergs erreicht. Wie ein Gebirgsjäger wandert oder klettert man zu Gipfelkreuzen mit traumhaftem Rundblick, rastet auf Bänken und bewundert das Weltkulturerbe Semmeringbahn. Auf den Spuren Oskar Kokoschkas, Arthur Schnitzlers, Alma Mahlers oder Karl Kraus' lässt sich ein Naturreich erforschen, das Sportbegeisterten im Sommer und im Winter gleichermaßen Abwechslung und Spannung bietet.

Sammler finden in den Mischwäldern Schwarzbeeren etwa unter Fichten, Himbeeren, Preiselbeeren und Vogelbeeren rund um Birken, Buchen und Ebereschen. Bei den Wurzeln der Eichen graben Wildsäue nach ihrer bevorzugten Delikatesse, den Eicheln, und suhlen sich unter deren mächtigen Kronen. Hirsche und Turmfalken sind ein beinahe alltäglicher Anblick, aber auch von Gämsen und Birkhähnen wissen einheimische Bergsteiger zu berichten. Das Altholz mit den Insekten und Larven ist das Lieblingsbuffet der Schwarzspechte. Beim Erzherzog Johann Steig blühen Feuerlilien, Knabenkraut und Türkenbund. Im Frühjahr aber ist die ganze Wiese blau vom Enzian. Hin und wieder macht dann auch der regierende König der Lüfte seine Aufwartung. Das Wappentier. Der majestätische Adler.

BLICK VOM SEMMERING INS TAL

# HIMMLISCHE FREUDEN IM WEINGARTEN

*Im Freigut Thallern gibt es das Rundumpaket zum Glück*

Welch ein Geschenk! Eines Markgrafen würdig eignete Leopold IV. im Oktober des Jahres 1141 das damalige Winzerdorf Thallern in der klimatisch begünstigten Zone südlich von Wien dem Stift Heiligenkreuz zu. Seither keltern Weinkundige hier ohne Unterbrechung die typischen Sorten der Region. Unter Leitung der Zisterziensermönche blühte der Weinbau im Mittelalter auf. Teile der Bausubstanz stammen noch aus dem 12. Jahrhundert. Das Freigut Thallern ist somit eines der ältesten und traditionsreichsten Weingüter Österreichs und wird heute von den drei bekannten Winzern Erich Polz, Karl Alphart und Leo Aumann bewirtschaftet. Zur Rebfläche zählen einige der besten Rieden der Thermenregion, wie Wiege, Ronald und Student. In der Gebietsvinothek können Weinliebhaber darüber hinaus in den Schätzen von über vierzig weiteren Weingütern stöbern und sich durch den historischen Gewölbekeller führen lassen. An den ehrwürdigen Fässern vorbei geht es zum angrenzenden Weingarten. Nach einem Schwenk in Richtung Prälatenstöckl, in dem Feste, Agapen und Seminare organisiert werden können, ist in der Johanneskapelle mit dem barocken Guiliani-Altar Gelegenheit zur Besinnung. Trauungen und andere Feiern erreichen hier ihren liturgischen Höhepunkt. Im direkt an die Kapelle angebauten Grangienhaus finden sie in einzigartig schönen Komfortzimmern und Suiten die romantische Krönung. Mitten im Grünen, aber vor den Toren Wiens, regenerieren Kurzurlauber und Seminarteilnehmer. Florian Fritz sorgt als Manager des Freiguts und des Weingartenhotels mit seinem Team auch im angeschlossenen Gastronomiebetrieb für ein stilvolles Eintauchen in die Kulturgeschichte und für reibungslosen Ablauf von Veranstaltungen an einem der bezauberndsten Plätze Österreichs.

FREIGUT THALLERN
Freigut Thallern Wein GmbH
*Thallern 1, A-2352 Gumpoldskirchen*
*Telefon 00 43 (0) 22 36 / 5 34 77*
*Telefax 00 43 (0) 22 36 / 5 34 775*
*office@freigut-thallern.at*
*www.freigut-thallern.at*

# KULINARISCHE FREUDEN

*Im Klostergasthaus schreibt die Geschichte an der Speisekarte mit*

**GEFÜLLTES PERLHUHN MIT ARTISCHOCKEN-COCKTAILPARADEISER-GRÖSTL**
*Dieses Rezept finden Sie auf der Seite 220*

Immerhin auch schon seit 350 Jahren finden Habitués des Weinguts der Zisterziensermönche in Thallern eine Labestation im Klostergasthaus. Als Florian Fritz und seine Frau Tanja es jüngst übernahmen, genoss es einen liebevollen Ruf als Backhendlstation am Fuß des Anningers. Nach behutsamen Umbauarbeiten eröffneten sie ein Gasthaus, in dem ohne viel Federlesens Veranstaltungen verschiedener Größenordnung in gemütlichen Räumen stattfinden können. In gleich zwei Gastgärten sorgen Kastanienbäume für Entspannung im Schatten.

Weil das Weingut einen Pächter suchte, der ein gutbürgerliches, ländliches Gasthaus auf gehobenem Niveau führen konnte, gab Florian Fritz sein Zweihaubenlokal in Mödling auf. „Gerade die Tradition des alteingesessenen Hauses und das Gesamtkonzept des Freiguts mit Weingartenhotel und Weinbau vor klerikalem Hintergrund faszinierten mich", sagt der Wirt. Aufgrund der langen Geschichte erweitern Backhenderl die Speisekarte nach wie vor erheblich. „Unsere Klientel ist vielschichtig. Wir bewirten Businessleute, Wanderer, Kurzurlaubende, Familienausflügler, Pensionisten und gestalten am Wochenende zahlreiche Feiern. Auf all diese verschiedenen Vorstellungen und Wünsche möchten wir eingehen." Die Speisekarte ist demgemäß bunt durchmischt und bietet auch Gourmets Delikates. Regionale und saisonale Produkte, viele davon aus biologischem Anbau aus den niederösterreichischen Kerngebieten, Süßwasserfische und Fleisch aus der Region machen das Klostergasthaus zu einer vielfältigen Location. Im traditionellen Ambiente, umgeben von den sanfthügligen Weingärten der Thermenregion und umsorgt von einem aufmerksamen Team, ist das Klostergasthaus das Tüpfelchen auf dem „i" des Genussensembles Freigut Thallern.

**KLOSTERGASTHAUS THALLERN**
Tanja & Florian Fritz
*A-2352 Gumpoldskirchen
Telefon 00 43 (0) 22 36 / 5 33 26
Telefax 00 43 (0) 22 36 / 53 32 64
office@klostergasthaus-thallern.at
www.klostergasthaus-thallern.at*

# AUFGEKOCHT UND EINGESCHENKT

*Gehobene Landhausküche in denkmalgeschütztem Ambiente*

**SALZBURGER NOCKERLN**
*Dieses Rezept finden Sie auf der Seite 220*

Wenn oben im Festsaal unter dem Kreuzgewölbe ein Kratzer in der Wand ist, kommt nicht der Maler, um das auszubessern. Die Restauratorin muss her und sich der denkmalgeschützten Malerei annehmen. Denn das 3er Haus im Zentrum von Gumpoldskirchen ist bereits seit 1603 ein Kulturwirtshaus und hat seine historische Substanz hervorragend erhalten. Im Erdgeschoss ist es weniger heikel, aber nicht minder schön. Sabine und Christian lassen dort sogar jährlich ausmalen, um immer wieder zu überraschen. Ein Wechselspiel zwischen nostalgischer Behaglichkeit und modernem Design umfängt die Besucher schon beim Eintreten in die Gaststuben und in den Hofgarten mit allerlei lauschigen Winkeln und Ecken. Der Schanigarten vor dem Haus macht mit seinem Loungecharakter ebenso viel Eindruck wie die ihn umgebenden historischen Fassaden des Weinstädtchens Gumpoldskirchen.

Christian pflegt die gute ländliche Wirtshausküche, die sich so gekonnt an die erlesenen Tropfen der nahen Rieden schmiegt. Tafelspitzsulz würzt er mit Kernöl, Beinschinken mit frischem Kren und Pfefferoni. Nach Saison legt er zum Beispiel in feine Erdäpfelcremesuppe Eierschwammerl, in die Tafelspitzsuppe Frittaten oder Leberknödel. Bevor es zu Nachspeisen wie süßen Knödeln oder Salzburger Nockerln geht, können Hungrige sich mit ausgelöstem Backhuhn, Grammelknödeln mit Grubenkraut oder frischem Fisch vom Gut Dornau satt essen.

Dekoratives Leitmotiv ist das Hirschgeweih und Wild hat auch in der Küche seine Saison. Kein Wunder also, dass das 3er Haus sich seit der Übernahme 2012 wieder zu einem Highlight auch für Feiern von Firmen und Familien entwickelte. Sabine schenkt die für die Gegend typischen Sorten Rotgipfler und Zierfandler ebenso aus wie Weine aus anderen österreichischen Weinregionen.

**3ER HAUS GUMPOLDSKIRCHEN**
Sabine & Christian Nehr
*A-2352 Gumpoldskirchen
Telefon 00 43 (0) 6 76 / 7 83 70 90
reservierungen@3erhaus.at
www.3erhaus.at*

# DAS HEURIGENRESTAURANT

*Küche und Romantik auf hohem Niveau*

**HAUSSULZ MIT ROTER ZWIEBEL UND KERNÖL**
*Dieses Rezept finden Sie auf der Seite 221*

Die Zeiten, als Norbert und Sandra Schalek den Bedarf an Weinen in ihrem Heurigenrestaurant ausschließlich aus eigenem Anbau decken konnten, sind vorbei. So kommen Besucher auch in den Genuss anderer hervorragender Rebensäfte mit Schwerpunkt Rotgipfler und Zierfandler, deren Trauben nur in dieser Gegend wachsen. Als perfekte Ergänzung zu Norbert Schaleks hausgemachten saisonalen Schmankerln der guten österreichischen Küche mit leicht mediterranem Einschlag. Henderl, hausgemachte Sulz, Eierschwammerlrostbraten oder Calamari und eingelegte Antipasti sind auch für das Auge echte Appetithappen. Für Raritäten wie Kalbskopf oder das gebackene Fledermausschnitzerl sind wahre Feinschmecker dankbar.

Überhaupt isst hier das Auge mit. Das Restaurant, das Sandra und Norbert seit 2010 führen, wurde erstmals 1566 erwähnt und hat als ehemaliges Gerichtshaus eine ziemlich spannende Geschichte. In den, im Wesentlichen original erhaltenen, Gaststuben setzt die ausgebildete Architektin Sandra gekonnt zeitgenössische Akzente, bewahrt jedoch mit Farbkontrasten die urtümliche Wirkung. Von ihrem stilistischem Geschick zeugt auch der romantische Innenhof, wo saftiges Blattwerk Schatten spendet und Kräuter und Blumen in Körben oder Terracottatöpfen duften. Private Feste oder kleinere Firmenfeiern finden hier ebenso ihren gepflegten Rahmen wie Schrammel-, Jazz-, Country- oder Unterhaltungsmusikkonzerte. Auch Kabarettisten treten auf und namhafte Kunstschaffende laden zu Vernissagen ein.

Spaziergänger oder Radfahrer, die im Frühjahr oder im Herbst am Wasserleitungsweg zwischen Gumpoldskirchen und Pfaffstätten flanieren, können mitten in den Weingärten rasten und sich mit Schmankerl und Trank bei der „Weingartenhütte Sandra" erfrischen.

**RESTAURANT HEURIGER SCHALEK**
Familie Schalek
Mödlinger Straße 1, A-2352 Gumpoldskirchen
Mobil 00 43 (0) 6 64 / 1 68 88 58
office@schalek.at
www.schalek.at

# DIE DIE WEINE BEGLEITEN

*Drei Brüder, zwei Terroirs und ein Ziel*

SAUERRAHMRÖLLCHEN MIT MARINIERTEM GURKEN-
TATAR UND KALT GERÄUCHERTEM SAIBLINGSFILET
*Dieses Rezept finden Sie auf der Seite 222*

Einen oft unbeachteten Wesenszug der österreichischen Weinbaukultur hebt Familie Reinisch mit dem Johanneshof ganz besonders hervor: die Offenheit. Wer also am Ende der Allee vor den Toren des Weinguts angelangt ist, den erwartet der Familienbetrieb um Mutter Veronika mit offenen Armen. „Wir pflegen den typischen Hofverkauf in unserem Weingut mit viel Freude", sagt Michael Reinisch.

Er führt zu einer exquisiten Auswahl von Chardonnays, Pinot Noirs und St. Laurents von den Rieden um Tattendorf sowie Zierfandlern und Rotgipflern, gewachsen im Terroir von Gumpoldskirchen. Um die biologisch-organische Weingartenarbeit kümmert sich Michaels Bruder Christian. Schonende Vinifizierung durch Johannes, den Dritten im Bunde, und Reifung unter einem Gewölbe aus alten Ziegeln bringen ausdrucksstarke Weine hervor, die auch in sechzehn Länder, bis nach Asien, exportiert werden. „Wir verstehen uns weniger als Macher von Wein, sondern als Begleiter beim Prozess des Werdens." Bei Seminaren kann man in die Tiefen des Weinbaus eintauchen und zum Beispiel erfahren, welch hervorragende Winzersekte es in Österreich gibt. Oder dass Weißweine gut reifen können und eigentlich zu Käse besser passen als Rote.

Dem Johanneshof angeschlossen ist das Heurigenrestaurant, geführt von Birgit Haslinger, das durch private Wohnzimmeratmosphäre besticht und mit einem Arkadenhof sowie einer Sonnenterrasse aufwarten kann. Die Gastgeberin sorgt für saisonale, traditionell-österreichische Speisen, deren Zutaten vornehmlich von Produzenten aus der Umgebung stammen. Sie bietet kalte und warme Gerichte an und organisiert auch persönliche Familienfeste oder Firmenfeiern. Und bei Candlelight-Dinners lässt sie die Gäste sogar manchmal im Pavillon über dem Teich schweben.

WEINGUT JOHANNESHOF REINISCH
Johannes Reinisch
*Im Weingarten 1, A-2523 Tattendorf
Telefon 00 43 (0) 22 53 / 8 14 23
Telefax 00 43 (0) 22 53 / 8 19 24
office@j-r.at
www.j-r.at*

HEURIGENRESTAURANT
Birgit Haslinger
*Telefon 00 43 (0) 6 64 / 5 32 77 13
www.heuriger-im-johanneshof.at*

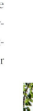

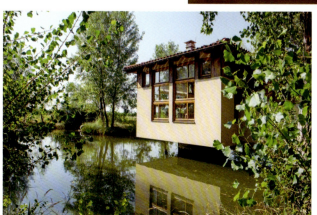

# LERNEN VON UND MIT WEIN

*Zwei Winzer auf neuen Wegen*

MOHN-HIMBEER-SCHNITTE
*Dieses Rezept finden Sie auf der Seite 221*

**J**e weiter man sich von Wien aus in Richtung Süden bewegt, desto öfter leuchtet der Reisegefährte Wein auch in Rot. Der Heurige und die Produktionsstätte des Weinguts Schagl liegen zwar in der südlichen Thermenregion inmitten von Getreidefeldern, doch stammen die Reben aus Rieden um Baden bei Wien. So schimmern zwar der St. Laurent Purpur und der Zweigelt tiefdunkel Rubinrot, aber nicht nur der Grüne mit seiner fein pfeffrigen Note, der fruchtige Veltliner Privat, der elegante Pinot Blanc, der harmonische Sauvignon Blanc und der rassige Riesling, sondern auch der kultige Welschriesling Harterberg geben als typische Weiße doch noch den Ton an.

Das Weingut von Gerhard Schagl war ein Vorreiter im südlichen Teil der Region. Die Suche nach einem eigenen Weg ist auch eines der Hauptziele des Sohnes Gerhard. „Wir sind nicht das regionaltypische Weingut, sondern bemühen uns um unsere charakteristische Linie." Beide Generationen schätzen vor allem die Abwechslung an dem Beruf. „Kein Jahr ist wie das andere. Man kann sehr viel vom Wein und von der Natur lernen", sagt der junge Önologe. Die Avantgardisten des Weinbaus schauen über den Tellerrand und planen ausgiebige Aufenthalte in Weinregionen der ganzen Welt, deren Klima dem heimischen nahe kommt.

In dem Familienbetrieb sorgen Mutter Maria und Tochter Elisabeth für das leibliche Wohl mit saisonalen warmen und kalten Gerichten, die typisch für die Region sind und eine hervorragende Ergänzung zu den Weinen abgeben. Der Schweinsbraten oder das Surschnitzel leiten gekonnt und würzig über zu den bereits legendären Cremeschnitten oder zu Topfenstrudel, Maronischnitten und Marillenkuchen. Schönes Wetter öffnet den Innenhofgarten, stürmischere Tage das Türl des Kachelofens in den beiden gemütlichen Gaststuben mit den Birnenholztischen.

**WEINGUT G&M SCHAGL**
Gerhard & Maria Schagl
*Hauptstraße 18, A-2751 Hölles*
*Telefon 00 43 (0) 26 28 / 6 29 24*
*office@weingut-schagl.at*
*www.weingut-schagl.at*

SONNENBLUMENFELD MIT BLICK AUF DEN SCHNEEBERG

# DER GASTHOF BEI DER NADELBURG

*Solide Bewirtung nächst einem Meilenstein der Arbeitergeschichte*

Johann Prandl ist nicht ohne Grund fasziniert von der außergewöhnlichen Geschichte seines Heimatorts. Fast zweihundert Jahre lang prägten die Nadelburger Metallwarenwerke das Leben der Menschen von Lichtenwörth. Zugleich gründete Kaiserin Maria Theresia ein heute bedeutendes Denkmal der österreichischen Industrie-, Architektur- und Sozialgeschichte. Die Arbeitersiedlung, noch in Theresianischer Zeit an der Wiege der Industrialisierung errichtet, zählt heute zu den ältesten erhaltenen Anlagen dieser Art in Europa. Stimmig liegt sie im Industrieviertel östlich von Wiener Neustadt, auch wenn heutzutage dort keine Nadeln mehr erzeugt werden.

Wenige Schritte von der beeindruckenden Siedlung entfernt, führt Familie Prandl den Gasthof seit 1957. Der geschichtsbewusste Wirt übernahm ihn 1987 von seinem Vater. Die Küche ist gutbürgerlich. Hausgemachte Speisen und Mehlspeisen können im Stüberl, in der Gaststube oder im neuen großen Festsaal serviert werden. Auch ein Hofgarten samt origineller Bassena steht zur Verfügung. Größere Veranstaltungen mit bis zu 300 Personen kann Johann Prandl in den Gemeindesaal auslagern und sorgt auch bei Festen, die zuhause stattfinden, für umfassendes Catering.

Wer eine preiswerte Übernachtungsmöglichkeit im Einzugsbereich südlich von Wien sucht, ist in den hellen, modern ausgestatteten Zimmern gut aufgehoben.

Ein Blick in die Außenstellen des Gasthofs Prandl lohnt sich. Im romantischen Pavillon auf einer Insel des Teichs einer Villa finden sommerliche Partys unter dem Sternenhimmel statt. Die Familie adaptierte auch inmitten von Äckern einen ehemaligen Gutshof zu einer Wildwest-Ranch, die eine ideale Kulisse für Grillfeste oder zünftige Abende bei Bier und Wein abgibt.

GASTHOF PRANDL
Johann Prandl
*Hauptstraße 39, A-2493 Lichtenwörth*
*Telefon 00 43 (0) 26 22 / 7 52 21*
*prandl@a1.net*
*www.gasthof-prandl.com*

# MOST UND MEHR FLÜSSIGE FRÜCHTE

*Ein Top-Heuriger aus der Genussregion „Bucklige Welt Apfelmost"*

**APFELMOSTTASCHERL**
*Dieses Rezept finden Sie auf der Seite 225*

„Ich ernte, wenn der Zuckergehalt passt. Unmittelbar danach beginne ich mit der Produktion." Baumfrisch bringt Karl Posch Äpfel und Birnen von den Obstgärten des landwirtschaftlichen Betriebes in den Keller seines Blockhausheurigen, um sie zu pressen. Auch Pfirsiche und Holunder, Zwetschken und Himbeeren, allesamt aus den eigenen Gärten, kultiviert er zu echten Edelgetränken. Die Geschmacksoffenbarung Pfirsich-Himbeernektar gehört für den Gault Millau zu den besten Säften Österreichs 2013. Ein Schuss davon macht Apfelcidre zum sommerlichen Leichtdrinktraum.

Seit vierzig Jahren hat die Großfamilie mit ihren Getränken, zu denen auch Mischsäfte, Edelbrände, Liköre und verschiedene Fruchtnektare gehören, Erfolg. Der Vorreiter in Sachen Most schenkt schon zwanzig Jahre lang in seinem Blockhaus aus. Als Spezialist für sortenreine Moste hat er immer acht bis zehn unterschiedliche in Bouteillen auf Lager. Most, wie zum Beispiel vom Kronprinz Rudolf, vom Ilzer Rosenapfel oder vom Champagner Renette, gehören zu den verschiedenen Sorten. „Ich mag sie klassisch. Klar, rein und unverfälscht. Ich weiß, wie der Apfel ausgesehen hat, dessen Saft jetzt in der Flasche ist." Lange galt Most als minderwertig, doch das hat sich in letzter Zeit dank des Engagements vieler Mostbauern wie Karl Posch geändert.

Der Heurige mit seinem schön angelegten Kinderspielplatz und mit einem dazu passenden Tiergehege hat sechs Mal im Jahr geöffnet. Hervorragende Speisen serviert das Blockhausteam in den heimeligen Stuben oder auf der Terrasse zu den Getränken. Wie man Most gekonnt beim Kochen einsetzt, stellt die Mutter von Karl Posch etwa mit Mostbraten oder köstlichen Mehlspeisen unter Beweis.

**BLOCKHAUSHEURIGER**
Karl Posch
*Unterdaneggerstraße 21, A-2620 Wartmannstetten*
*Telefon 00 43 (0) 26 35 / 6 99 09*
*most@blockhausheuriger.at*
*www.blockhausheuriger.at*

# BULLENEXPRESS ZUM BAUERNHOF

*0 km $CO_2$-Ausstoß, bis das Schnitzel auf dem Teller ist*

Erstaunlich, wie viele verwöhnte Gaumen nicht wissen, wie Bauernhofrahm und Bauernhofbrot mit selbst gerührter Butter schmecken. Oder Milch, Fleisch und Wurst von Tieren, die wenige Meter von der Fleischtheke entfernt geboren wurden und sich von den Gräsern und Kräutern der saftigen Weiden rundum ernährten. Wer aber diesen Geschmack nicht kennt, hat etwas versäumt im Leben.

Der Gasthof Ramswirt ist ein stattliches Gehöft auf einer Kuppe in 824 Meter Seehöhe mit grandiosem Fernblick. Zuerst verlocken bequeme Sitzgelegenheiten, sich in einem der Galerieräume oder auf der sonnigen Terrasse niederzulassen und die Stille der Bergwelt zu inhalieren. Aber da gibt es noch mehr als nur Ruhe. Denn der Ramswirt ist ein hochaktiver Bauernhof mit funktionierender Struktur, der Stadtkindern aller Altersgruppen einen erlebnisreichen Einblick in den Alltag des Lebens auf dem Land ermöglicht. Auf dem Traktor des Bullenexpress führt Wirt Julius Pichler durch seinen Betrieb. Ponys grasen da unter Tannen neben dem Esel, Sittiche zwitschern in der Voliere, Ziegen tummeln sich auf Stroh, während nebenan Schweinderl und Rinder ihren Nachwuchs großziehen. Juniorchef Wolfgang und Minichef Lukas sind gemeinsam mit dem geselligen Seniorchef für die Landwirtschaft verantwortlich. Den Damen des Hauses, Maria und Martina, obliegt die Gästebetreuung. Und weil auch eine Fleischerei angegliedert ist, können die Stadtkinder den Geschmack von hausgemachten Blunzn, Bratwürstln, Leberkäs oder Schnitzeln kennenlernen.

Seminare oder Schulungen tagen in einem eigenen, neu erbauten Trakt. Breite Fenster gestatten dort ebenso wie in vielen der komfortablen Gästezimmer Weitblicke bis zum Schneeberg. Die Zimmer sind geräumig genug, um gleich mehrere Tage oder Wochen lang Versäumtes nachzuholen.

**RAMSWIRT PICHLER**
Familie Pichler
*Rams 40, A-2640 Gloggnitz*
*Telefon 00 43 (0) 26 41 / 69 49*
*Telefax 00 43 (0) 26 41 / 6 94 94*
*office@ramswirt.at*
*www.ramswirt.at*

# ZURÜCK IN DIE GUTE NEUE ZEIT

*Im Zentrum des Zauberbergs vom Semmering*

CORDON BLEU VOM LAMM
*Dieses Rezept finden Sie auf der Seite 224*

Wenn das kein Jubiläum ist! Einhundertfünfundzwanzig Jahre lang gibt es nun das Grandhotel Panhans am Semmering. Ein Grund, um nach vorne zu blicken. „Zeit für einen Neustart", sagt Martin Tröstl, der es seit April 2013 führt und viel vorhat. „Wir möchten mit dem Alten abschließen und dem Domizil einen frischen Touch geben." Das Grandhotel möchte sich neuen Zielgruppen öffnen, den Sportlichen etwa, die im Winter die Hänge des Zauberbergs hinunterwedeln oder ihn im Sommer mit dem Mountainbike erklimmen. Im Haus gibt es einen Verleih von eBikes, für Gäste, die mehr die Gemütlichkeit einer alpinen Umgebung schätzen, es aber trotzdem nicht versäumen möchten, das Weltkulturerbe „Semmeringbahn" von den verschiedenen Blickwinkeln aus zu betrachten. Markierte Wege führen auch Wanderer an jene Stellen, von welchen aus man Züge über das imposante Bauwerk der Ghegabahn und dessen Viadukte fahren sieht.

Im Hotel auf der Passhöhe selbst hat der Gast die Wahl zwischen Zimmern mit Aussicht über die Tiefebene gen Osten oder zum Wald, der sich unmittelbar hinter dem Grandhotel ausbreitet. Eine Maisonette erlaubt ihm gar einen direkten Blick in den Himmel. Im Sternguckerzimmer steht unter der Dachschräge ein Teleskop zur exklusiven Verfügung.

Zu den Wohlfühlpaketen des Hotels gehören viele Beauty- und Wellnessbehandlungen, die im Vitalclub mit Whirlpool, Farblichtsauna, Dampfbad, Fitnessstudio oder auf der Sonnenterrasse komplettiert werden können. Beste Rahmenbedingungen für Seminare und Veranstaltungen schaffen die vielfältigen Seminarräume und die persönliche Betreuung durch ein geschultes Team, das auch bei der Organisation von Events behilflich ist.

Besinnung auf die Traditionen ist jedoch in einem Haus wie diesem wohl unerlässlich. Der Manager ist sich dessen bewusst. „Wir möchten den Spagat schaffen zwischen dem Guten der alten Zeit und dem Guten der Moderne." Das Gute der alten Zeit hat es in der Tat in sich. 1888 zog es den als legendär beschriebenen Wiener Küchenchef Vinzenz Panhans hinaus aus der Stadt und hinauf in die Berge. Er eröffnete sein Hotel, das schon wenige Jahre später zum Hotspot der Wiener Gesellschaft des Fin de Siècle wurde. Der letzte österreichische Kaiser Karl lernte auf der Panhanswiese Skifahren und vor dem Ersten Weltkrieg fanden Künstlergrößen wie Oskar Kokoschka, Karl Kraus, Peter Altenberg oder Arthur Schnitzler hier Inspirationen. Adolf Loos, der bahnbrechende Architekt jener Tage, hinterließ seine, zum Teil noch vorhandenen, Spuren.

BEEF TATAR VOM SCHNEEBERGRIND
*Dieses Rezept finden Sie auf der Seite 224*

Als in den frühen 1930er Jahren die vorangegangenen Krisenzeiten überwunden schienen, fühlte sich die Filmwelt hier zuhause. Josephine Baker entdeckte die Freuden des Winters und könnte sich im größten alpinen Hallenbad hinter verschiebbaren Glaswänden auf ihre nächsten Vorstellungen vorbereitet haben. Ob Heinz Rühmann, Fritz Imhoff, Jan Kiepura oder die Rennfahrer Hans Stuck und Rudolf Caracciola im ersten österreichischen Casino alles auf eine Karte setzten, ist ungewiss. Es logierte jedenfalls, genau wie sie, im Panhans.

Zur wechselvollen Geschichte des Hauses gehören auch schwierige Jahre. Jene etwa, als die Zeit der Grandhotels endgültig vorbei zu sein schien und nach dem Zweiten Weltkrieg der Eiserne Vorhang die Region von einem Großteil seines früheren Publikums trennte. Aber irgendwie gab es sich nie auf, dieses internationale Bergresort inmitten der schroffen Schönheit der „Bel-Etage der Alpen", wie Alfred Komarek den Semmering nennt.

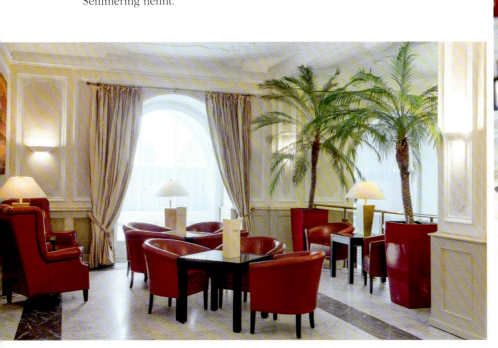

KULINARISCHE ENTDECKUNGEN 215

**FLÜSSIGES GEWÜRZ-SCHOKOTÖRTCHEN**
*Dieses Rezept finden Sie auf der Seite 225*

Könnte es heuer seinen eigenen Geburtstag mit einem Fest begehen, würde es in die stilvollen Banketträume und in die Restaurants mit ihren vielen Möglichkeiten einladen. Aber für welche würde es sich entscheiden? Goldgerahmte Türen führen zu Räumen mit Namen wie Le Jardin, Kaminzimmer, Loosraum oder in den zweigeschossigen ovalen Festsaal. Der Barpianist würde, wie hier samstags üblich, mit Jazzmusik in den Sonnenuntergang spielen. Die weiblichen Gäste richteten zwischendurch ihre Garderobe in den hohen Spiegeln der Lobby, bevor sie sich an die Bar gesellten, um eine Zigarette zu rauchen. In Erinnerungsfotos mit so berühmten Besuchern wie König Hussein von Jordanien, Max Reinhardt oder Gustav Mahler würde sich spiegeln, wie sie das Glas auf das Geburtstagskind heben.

Eines ist gewiss – das Diner wäre erlesen. Ist doch Österreichs jüngster Haubenkoch, Michael Hackl, nunmehr als Küchenchef für die Kulinarik verantwortlich. Wohl ganz im Sinne des Gründers legt er großen Wert auf qualitativ hochwertige Produkte, vorzugsweise von regionalen Lieferanten. Der Niederösterreicher setzt sie kreativ und inspiriert mit viel Liebe zum Detail in Szene. Um die Vielfalt der neuen Küchenlinie kennenzulernen, ist seine Idee TTP „To Try Panhans" die unterhaltsamste Möglichkeit. Bei dieser Art vom interaktivem Zehn-Gänge-Menü können Feinschmecker die Reihenfolge per Kärtchen selbst wählen. Raffiniert angerichtet und serviert wäre eine facettenreiche kulinarische Inszenierung wie diese wohl genau das, was sich das Panhans als Geburtstagsüberraschung für seine Gäste auch ausgedacht hätte. Zum Schluss würde es die Panhanstorte anschneiden, diese geheime Köstlichkeit aus Haselnussmasse mit Vanillebuttercreme und Zitronenglasur.

In fünf Jahren soll es wieder das sein, was es früher einmal war, so Martin Tröstl. „Der Ort, wo man gewesen sein muss, ein Ort, der auch die Geschichte von heute schreibt. Ein Wohlfühlzentrum für Menschen, die der Großstadt entfliehen oder die klassische Sommerfrische genießen möchten. Ein Ort der Künstler und Intellektuellen. Das Panhans war in gewisser Weise auch ein Ort, wo Talente erkannt und entdeckt wurden. Auch das soll es wieder werden." Happy Birthday, Panhans!

**GRANDHOTEL PANHANS**
Martin Tröstl
*Hochstraße 32, A-2680 Semmering
Telefon 00 43 (0) 26 64 / 81 81
Telefax 00 43 (0) 26 64 / 8 18 15 13
martin.troestl@panhans.at
www.panhans.at*

# HÜTTENZAUBER HAUSGEMACHT

*mit Wasser aus eigener Quelle*

**ENZIANTORTE**
*Dieses Rezept finden Sie auf der Seite 223*

Die Wintertage beginnen auf der urwüchsigen Enzianhütte am Hirschenkogel früh. Schon um neun Uhr klopfen Sportler die Skischuhe an der Holzschwelle ab und treten durch die niedrige Tür in die Gaststube. Bei Sunny oder Didi bestellen sie ein kräftiges Frühstück mit Ham and Eggs und Haustee, dessen Rum- und Schnapsgehalt anhaltende Wärme garantiert.

Gemeinsam mit Matl, einem ausgezeichneten Koch, kauften die beiden im November 2011 die alte Almhütte. „Um 1900 ist sie an der Bergstation der Bobbahn gestanden, zu der ein Schrägaufzug führte", erzählen sie. „Dann wurde sie hierher versetzt, denn hier ist eine Quelle. Von der beziehen wir unser Wasser." Die Bobbahn wich einer Straße und einer Rodelbahn, auf der im Sommer Monsterroller bergab donnern. Wie die Ski- und Mountainbikepiste führen sie direkt am Haus vorbei.

Nicht nur mittags ist ganzjährig meist viel Betrieb in den drei gemütlichen Stuben und – bei entsprechender Witterung – auf der Sonnenterrasse. Das liegt vor allem auch an Matls hausgemachten Köstlichkeiten. Speck, Würstel und Sulzen stellt er in der kleinen Hüttenküche her und selcht in seiner Rauchkuchl. „Was wir nicht selbst machen, beziehen wir, wenn vorhanden, aus der Region." Schwammerln, Pilze und Wild stammen aus den umliegenden Wäldern.

Konditorin Sunny bäckt die Mehlspeisen. So manche Zutaten, wie Himbeeren, Preisel- oder Heidelbeeren, erntet sie ebenfalls oft selbst. Holundersträucher liefern ihr herrlich aromatische Blüten für den hausgemachten Saft. Zeit für eine Tour bleibt den aktiven Bergsteigern Matl und Didi im Winter meist nicht. Selbst nach Sonnenuntergang befeuern sie den Kachelofen häufig weiter, um Feiernde mit Enzianschnaps oder Edelbränden von Brennereien aus der Umgebung und mit den heiß begehrten Bratwürsteln sowie anderen alpin-deftigen Gerichten zu bewirten.

**ENZIANHÜTTE**
Sandra Pertl
*Sonnwendsteinstraße 2, A-2680 Semmering
Telefon 00 43 (0) 26 64 / 23 83
sandra.pertl@yahoo.com
www.enzianhuette-semmering.at*

# REZEPTE

## GEFÜLLTES PERLHUHN MIT ARTISCHO-CKEN-COCKTAILPARADEISER-GRÖSTL
Klostergasthaus Thallern, Seite 194

### ZUTATEN FÜR 4 PERSONEN
*1 Perlhuhn (ca. 1,8 kg) ohne Innereien, 2 Zwiebeln, 4 große Artischocken, 250 g Cocktailparadeiser, 100 g Butter, 400 g Semmelwürfel, ¼ l Milch, ¼ l Weißwein, 4 Eier, 6 Thymianzweige, 100 g gehackte Petersilie, Salz, Pfeffer, Muskatnuss*

### ZUBEREITUNG
Für die Semmelfülle die Zwiebeln fein würfeln und in Butter anschwitzen, mit Semmelwürfeln, Milch und Eiern vermengen. Petersilie, Salz, Pfeffer und Muskatnuss ebenfalls zugeben und alles mit den Händen gut vermengen. Das Perlhuhn außen und im Bauchraum gut salzen und pfeffern. Dann mit der Semmelwürfelmasse füllen.
In ein tiefes Backrohrblech etwa zwei Zentimeter Wasser einfüllen und das gefüllte Perlhuhn einsetzen. Im vorgewärmten Backrohr bei 170 °C bei Ober- und Unterhitze eine Stunde braten. Während dieser Zeit mehrfach mit dem Saft übergießen. Für die zweite Stunde die Temperatur auf 185 °C erhöhen und weiter braten, bis das Huhn eine schöne, goldbraune Haut bekommt.
Für das Artischocken-Cocktailparadeiser-Gröstl die Artischocken schälen, bis nur noch der Artischockenboden übrig bleibt. Diesen sofort in Zitronenwasser einlegen, damit er sich nicht dunkel verfärbt. Die Böden achteln und in Olivenöl anschwitzen. Weißwein zugeben, salzen und pfeffern. Den Thymian beigeben und im Weißwein-Olivenölsud köcheln, bis der Wein verdampft ist. Weiter braten, bis die Artischockenkeile Farbe annehmen. Die Cocktailparadeiser vierteln. Zum Schluss kurz mitbraten und mit den Artischocken anrichten.
Das Perlhuhn von der Karkasse tranchieren. Darauf achten, dass die Semmelfülle unten an der Brust haften bleibt. Zum Gemüsegröstl anrichten und mit Bratensaft umgießen.

## SALZBURGER NOCKERLN
3er Haus Gumpoldskirchen, Seite 196

### ZUTATEN FÜR 4 PERSONEN
*6 Eier, 60 g Kristallzucker, 100 g frische Preiselbeeren, 4 cl Rum, 4 cl Grand Marnier, Schale von 1 Limette, 1 EL Butter*

### ZUBEREITUNG
Das Backrohr auf 150 °C Heißluft vorheizen. Eier trennen. Die Eiklar aufschlagen, Kristallzucker beigeben. Wenn der Schnee richtig steif ist, in einem extra Gefäß drei Dotter aufschlagen und unter den Schnee ziehen. Limettenschale abreiben und unter die Eimasse ziehen.
Die Butter in einer Pfanne schmelzen und die geputzten Preiselbeeren zugeben. Bei mittlerer Hitze anschwenken und mit Grand Marnier ablöschen. In eine feuerfeste Porzellanschüssel heben und die Eimasse daraufsetzen. Im Backrohr 15 Minuten bei 150 °C backen.
Die Eier sollten aus dem Kühlschrank genommen werden, weil dann der Dotter mehr Festigkeit hat.

# REZEPTE

## HAUSSULZ MIT ROTER ZWIEBEL UND KERNÖL
Restaurant Heuriger Schalek, Seite 198

### ZUTATEN FÜR CA. 30 PORTIONEN

*1 hintere Schweinsstelze, 1 kg Karotten, 1 kg gelbe Rüben, 2 Sellerieknollen, 1 Bund Petersilie, Salz, 1 HV Pfefferkörner, 8 Lorbeerblätter, 20 Blätter Gelatine, 1 rote Zwiebel, Kernöl nach Belieben*

### ZUBEREITUNG

Das Gemüse putzen, schälen, eventuell teilen.
In einem großen Topf die Stelze mit Wasser bedeckt zusammen mit allen Zutaten, außer der Gelatine, weich kochen. Wenn das Gemüse weich ist, vier Karotten und vier gelbe Rüben herausnehmen und Juliennes oder Brunoises schneiden (in feine Streifen oder Würfel), den Rest weiterkochen, bis die Stelze weich ist. Das dauert etwa 2 Stunden.
Dann die Stelze herausnehmen, die Flüssigkeit in einen Topf abseihen, das Gemüse entfernen. Die Stelze in sehr kleine Würfel schneiden.
Das kleingeschnittene Fleisch mit dem kleingeschnittenen Gemüse vermengen und am besten in Kastenformen verteilen. Man kann jedoch Formen nach Wahl dazu verwenden.
Die Gelatine in kaltem Wasser einweichen. Den Sud erhitzen, nach fünf Minuten die Gelatine ausdrücken und im heißen Sud auflösen. Mit dem Sud das Fleisch übergießen. Die Formen in den Kühlschrank stellen und etwa einen halben Tag lang erstarren lassen.
Nach dem Erstarren die Form stürzen und nach Belieben portionieren. Mit fein geschnittener roter Zwiebel und etwas Kernöl würzen.

## MOHN-HIMBEER-SCHNITTE
Weingut G&M Schagl, Seite 202

### ZUTATEN FÜR 1 BLECH

MOHNMASSE

*220g Butter, 65g Staubzucker, Prise Salz, Prise Vanillezucker, 9 Eier, 220g Kristallzucker, 100g Mehl, 300g geriebener Mohn, 3–4 EL Marillenmarmelade, 2 EL Likör (Grand Marnier)*

CREME

*250g Qimiq Classic, 500g Schlagobers, 2 EL Zucker, 1 EL Vanillezucker*

HIMBEERDECKE

*500g Himbeeren, 150g Kristallzucker, 6 Blatt Gelatine*

### ZUBEREITUNG

Für die Mohnmasse die salbenweiche Butter mit Staubzucker, Salz und Vanillezucker schaumig rühren. Eier trennen. Dotter nacheinander beifügen. Die Eiklar mit Kristallzucker zu Schnee schlagen. Schnee, Mohn und Mehl unter die Dottermasse heben. Den Teig auf ein mit Backpapier ausgelegtes Blech gießen und bei 170 °C im vorgeheizten Backrohr zirka 30 Minuten backen. Auskühlen lassen. Marillenmarmelade mit dem Likör verfeinern und erwärmen, den Teig damit bestreichen. Dann mit einem Blechrahmen umstellen.
Für die Creme das Qimiq verrühren. Schlagobers beigeben und steif schlagen. Zucker und Vanillezucker unterrühren. Die Creme auf den Mohnboden streichen und kaltstellen.
In einem Topf die Himbeeren sowie den Kristallzucker mit 2 bis 3 Esslöffeln Wasser aufkochen und danach durch die Flotte Lotte passieren. Es sollte etwa einen halben Liter Flüssigkeit ergeben. Die Gelatine einweichen, erwärmen und zur Himbeermasse leeren. Auskühlen lassen. Lauwarm vorsichtig auf die Creme gießen und kalt stellen.

# REZEPTE

## SAUERRAHMRÖLLCHEN MIT MARINIERTEM GURKENTATAR UND KALT GERÄUCHERTEM SAIBLINGSFILET
Heurigenrestaurant, Seite 200

**ZUTATEN FÜR 12 PORTIONEN**
*400 g kalt geräucherte Saiblingsfilets, 2 Zitronen zur Garnitur, 100 g Ruccola*

**RÖLLCHEN**
*300 g Sauerrahm, 200 g Crème fraîche, 6 Blatt Gelatine, 2 EL Joghurt, Salz, Pfeffer aus der Mühle, 1 EL Zitronensaft*

**GURKENTATAR**
*1 Salatgurke, 1 EL gehackte Dille, 2 EL Mayonnaise, 1 EL Sauerrahm, 1 Zehe Knoblauch*

**MARINADE**
*4 EL Feinkristallzucker, 2 EL Salz, ¼ l Sonnenblumenöl, ¼ l Balsamicoessig, 2 EL Estragonsenf, ⅛ l heiße Rindsuppe, 1 EL Honig, zur Garnitur Kräuter aus dem Garten und Cocktailparadeiser*

**ZUBEREITUNG**
Für die Röllchen Sauerrahm und Crème fraîche gemeinsam mit dem Joghurt gut vermischen. Mit Salz, Pfeffer und Zitronensaft würzen und beiseite stellen. Die Gelatineblätter in kaltem Wasser einweichen, ausdrücken und in einer kleinen Kasserolle bei schwacher Hitze auflösen. Vorsichtig in die Sauerrahmmasse einrühren. In Förmchen oder in eine größere Pastetenform füllen und mindestens 8 Stunden kalt stellen.

Für das Gurkentatar die Gurke waschen und dann grob schälen, sodass noch einige kleine Streifen der Schale haften bleiben. Gurke der Länge nach halbieren und mit einem Löffel das Kerngehäuse entfernen.

Gurkenhälften der Länge nach in bleistiftdicke Streifen schneiden und dann würfeln. Mit Mayonnaise, Salz, Pfeffer, Knoblauch und Sauerrahm marinieren. Kalt stellen.

Für die Marinade Salz und Zucker in eine Schüssel geben. Mit heißer Rindsuppe übergießen und mit einem Schneebesen gut verrühren. Jetzt Senf, Honig und Essig dazugeben, gut vermengen. Zum Schluss das Öl mit einem Stabmixer einarbeiten, sodass eine homogene Marinade daraus wird.

Saiblingsfilets aus der Packung nehmen und in die Mitte der Teller geben. Sauerrahmröllchen oder Terrine schneiden und danebenlegen. Gurkentatar anrichten und mit mariniertem Ruccolasalat, Zitronenspalten und Cocktailparadeisern garnieren.

# REZEPTE

## ENZIANTORTE
Enzianhütte, Seite 218

ZUTATEN FÜR 1 TORTE

BODEN
*200g Butter, 10 Eier, 200g Kristallzucker, 225g geriebene Nüsse, 100g Semmelbrösel, 25g Mehl glatt, Prise Salz, Prise Vanillezucker, Prise Zimt, Prise Zitronenzeste*

FÜLLE
*1l Schlagobers, 80-100g Staubzucker, 4 Blatt Gelatine, 8 EL Nutella, 4 EL Preiselbeermarmelade*

GARNITUR
*200g geröstete Mandelblätter, 7 Biskotten, etwas flüssige Schokolade zum Tunken*

ZUBEREITUNG
Butter mit Vanillezucker, Salz und Zitronenzesten schaumig rühren. Eier trennen, Eiweiß mit Kristallzucker zu Schnee schlagen. Die Eigelbe nach und nach zur Buttermasse fügen und schaumig schlagen. Den Schnee unterheben. Zum Schluss Nüsse, Brösel, Mehl und Zimt vermengen und in die Teigmasse einarbeiten. In eine Backform füllen und bei 160 °C im vorgeheizten Rohr 40 bis 50 Minuten backen. Herausnehmen, erkalten lassen. In der Mitte auseinanderschneiden und jede Hälfte nochmals halbieren, sodass vier Böden vorhanden sind.
Schlagobers mit Staubzucker aufschlagen. In kaltes Wasser eingeweichte Gelatine erwärmen und dem Obers zufügen. Den ersten Tortenboden mit vier Esslöffeln erwärmter Nutella bestreichen. Etwa ein Drittel des Schlagobers aufstreichen. Zweiten Boden daraufsetzen. Mit Preiselbeermarmelade bestreichen und den dritten Tortenboden auflegen. Die restliche erwärmte Nutella aufstreichen, das zweite Drittel des Schlagobers glatt auftragen. Abschließend den letzten Teigboden daraufgeben, mit der schönsten Seite nach oben. Im Kühlschrank mindestens zwei Stunden erkalten lassen.
Zum Garnieren das restliche Schlagobers verstreichen, mit gerösteten Mandelblättern bestreuen und mit getunkten Biskottenhälften oder Nüssen nach Belieben dekorieren.

# REZEPTE

### CORDON BLEU VOM LAMM
Grandhotel Panhans, Seite 212

ZUTATEN FÜR 4 PERSONEN

*4 x 60g Lammfleisch (ausgelöste Kronen), 4 Kirschtomaten, 4 TL Mozzarella, Salz, grüner und schwarzer Pfeffer, 4 TL Bärlauch, 4 TL Zitronenmyrte, Mehl, Ei und Brösel zum Panieren*

KONFIERTER ERDÄPFELSALAT

*8 Erdäpfel, 4 getrocknete Tomaten, 4 TL Kapern, ½ l Gemüsebrühe, 2 Zweige Rosmarin, Salz, Pfeffer, 1 l Olivenöl, 4 EL mediterrane Gewürze nach Geschmack*

ZUBEREITUNG

Das Lammfleisch dünn plattieren, Salz, Pfeffer, Bärlauch und Zitronenmyrte vermengen, das Fleisch mit dieser Gewürzmischung bestreuen. Mozzarella und Tomate darauf legen und das Fleisch zu einem Säckchen formen. Zum Verschließen kann man sowohl Kräuterstengel als auch Garn oder Schnittlauch verwenden. Das Säckchen zuerst in Mehl, dann in versprudeltem Ei und schließlich in den Bröseln wälzen. Danach schwimmend in heißem Fett bei zirka 170 °C goldbraun herausbacken. Dies dauert nur eine bis zwei Minuten.

Im Panhans serviert man diese Lammvariation mit einem konfierten Erdäpfelsalat. Hierfür die Erdäpfel in der Schale in Olivenöl mit den mediterranen Gewürzen (Thymian, Basilikum, Rosmarin) einlegen und bei Niedergartemperatur (~70 °C) etwa einen halben Tag ziehen lassen. Man kann die Erdäpfel auch in Wasser bissfest kochen. In Scheiben schneiden. Einen Gewürzsud zubereiten, indem man den Gemüsefond aufkocht, dem Kapern, getrocknete, zerkleinerte Tomaten und Rosmarinzweige beigegeben werden. Die geschnittenen Erdäpfel einlegen, warm etwa 20 Minuten ziehen lassen. In Suppentellern verteilen und mit dem Lamm anrichten.

### BEEF TATAR VOM SCHNEEBERGRIND
Grandhotel Panhans, Seite 212

ZUTATEN FÜR 4 PERSONEN

*250g Rinderfilet zugeputzt, ½ weiße Zwiebel, 1 Bund Petersilie, 4 Kapernbeeren, 1 Sardellenfilet, Meersalz, Pfeffer aus der Mühle, Senf nach Geschmack, Tabasco nach Geschmack, Olivenöl zum Abglänzen, Chili zum Garnieren, Sprossen zum Garnieren*

ZUBEREITUNG

Das Rinderfilet fein hacken, die Zwiebel feinwürfelig schneiden. Petersilie zupfen und die Blätter mit den Kapern und Sardellen vermengen. Anschließend die Masse hacken. Mit Meersalz und frischem Pfeffer aus der Mühle, Senf und einem Spritzer Tabasco marinieren, das heißt vermengen. Das fertige Tatar mit Drapierringen in Form bringen und mit Olivenöl abglänzen. Mit frischen Sprossen und Chili als Garnitur anrichten.

# REZEPTE

## FLÜSSIGES GEWÜRZ-SCHOKOTÖRTCHEN
Grandhotel Panhans, Seite 212

ZUTATEN FÜR 4 PERSONEN

*170 g Zartbitterschokolade, 150 g Butter, 90 g glattes Mehl, 5 Eier, 150 g Zucker, Prise Kurkuma, ½ Mokkalöffel Fenchelsamen, ½ Mokkalöffel Koriander, ½ Mokkalöffel Ingwer, gerieben*

ZUBEREITUNG

Die Schokolade im Wasserbad temperieren, bis sie flüssig, aber nicht zu heiß ist. Die Butter in einem Topf zerlassen. Die Eier mit dem Zucker und den Gewürzen aufmixen, die Butter einträufeln lassen. Schokolade hinzufügen, das Mehl einsieben und alles gut mixen. In ausgebutterte Formen füllen und im vorgeheizten Backrohr bei 230 °C zirka sieben Minuten backen.

## APFELMOSTTASCHERL
Blockhausheuriger, Seite 208

ZUTATEN FÜR 1 BLECH

*1 kg Mehl, 1 kg Thea, 16 EL Apfelmost, 4 Eiklar, ¼ kg feste Marillenmarmelade, Prise Salz*

ZUBEREITUNG

Das Mehl auf eine Arbeitsfläche häufen, mit der Thea verbröseln. Most dazumischen und zu einem geschmeidigen Teig kneten. Über Nacht mit Klarsichtfolie abgedeckt im Kühlschrank rasten lassen.

Arbeitsfläche mit Mehl bestäuben und den Teig darauf dünn auswalken. Kreise ausstechen. Eine halbe Seite mit Eiklar bestreichen. In die Mitte jedes Kreises einen Teelöffel Marmelade geben und die Formen zu einem Halbmond zusammenschlagen. Mit den Fingern die Ränder zusammendrücken, sodass sie verkleben.

Ein Backblech mit Backpapier auslegen, die Tascherl darauf verteilen.

Im auf 170 °C vorgeheizten Backrohr zirka 12 Minuten backen, dann die Hitze auf 180 °C erhöhen und weitere fünf Minuten backen.

Herausnehmen und nach dem Erkalten mit Staubzucker bestreuen.

BLICK VOM WECHSELGEBIRGE ZUR RAX

# ADRESSVERZEICHNIS

## 3

**3ER HAUS** *196*
GUMPOLDSKIRCHEN
Sabine & Christian Nehr
Schrannenplatz 3
A-2352 Gumpoldskirchen
Telefon 00 43 (0) 6 76 / 78 370 90
reservierungen@3erhaus.at
www.3erhaus.at

## A

**ADLERBRÄU** *150*
Familie Rappl
Marktplatz 2
A-2115 Ernstbrunn
Telefon 00 43 (0) 25 76 / 3 03 98
office@adlerbraeu.com
www.adlerbraeu.com

## B

**BÄRENHOF KOLM** *32*
Familie Kolm
Schönfeld 18
A-3925 Arbesbach
Telefon 00 43 (0) 28 13 / 2 42
Telefax 00 43 (0) 28 13 / 2 44
info@baerenhof-kolm.at
www.baerenhof-kolm.at

**BLOCKHAUSHEURIGER** *208*
Karl Posch
Unterdaneggerstraße 21
A-2620 Wartmannstetten
Telefon 00 43 (0) 26 35 / 6 99 09
most@blockhausheuriger.at
www.blockhausheuriger.at

## C

**CAFÉ-KONDITOREI EINSIEDL** *38*
Familie Einsiedl
Johannesgasse 6
A-3631 Ottenschlag
Telefon 00 43 (0) 28 72 / 72 54
egon.einsiedl@a1.net
www.cafe-einsiedl.at

**COBANESHOF** *92*
Familie Schneider
Weinstraße 37
A-3550 Langenlois
Telefon 00 43 (0) 27 34 / 25 64
office@cobaneshof.at
www.cobaneshof.at

## D

**DAS DORFTREFF** *76*
Jürgen Brandstetter
Rudmanns 83
A-3910 Zwettl
Telefon 00 43 (0) 28 22 / 5 20 21
Telefax 00 43 (0) 28 22 / 52 02 14
Mobil 00 43 (0) 6 99 / 11 55 44 04
dasdorftreff@rudmanns.at
www.dasdorftreff.at

**DER ZUCKERBÄCKER** *74*
Wolfgang Fröschl
Hamerlingstraße 11
A-3910 Zwettl
Telefon 00 43 (0) 28 22 / 5 24 29
Telefax 00 43 (0) 28 22 / 52 42 94
zuckerbaecker@zwettlnet.at
www.derzuckerbaecker.com

## E

**ENZIANHÜTTE** *218*
Sandra Pertl
Sonnwendsteinstraße 2
A-2680 Semmering
Telefon 00 43 (0) 26 64 / 23 83
sandra.pertl@yahoo.com
www.enzianhuette-semmering.at

## F

**FLORIANIHOF** *122*
Jürgen Walzer
Florianigasse 2
A-3711 Großmeiseldorf
Telefon 00 43 (0) 29 56 / 25 35
Telefax 00 43 (0) 29 56 / 25 35
florianihof@gmx.net
www.florianihof-walzer.at

**FREIGUT THALLERN** *192*
Thallern 1
A-2352 Gumpoldskirchen
Telefon 00 43 (0) 22 36 / 5 34 77
Telefax 00 43 (0) 22 36 / 5 34 775
office@freigut-thallern.at
www.freigut-thallern.at

# G

GASTHAUS AMSTÄTTER *126*
*Familie Amstätter*
*Bahnhofstraße 27*
*A-3464 Hausleiten*
*Telefon 00 43 (0) 22 65 / 72 72*
*Telefax 00 43 (0) 22 65 / 72 72*
*gasthaus@amstaetter.com*
*www.amstaetter.com*

GASTHAUS AN DER KREUZUNG *138*
*Familie Hausgnost*
*Oberort 110*
*A-2042 Guntersdorf*
*Telefon 00 43 (0) 29 51 / 22 29*
*Telefax 00 43 (0) 29 51 / 2 22 94*
*info@hausgnost.at*
*www.hausgnost.at*

GASTHAUS – FLEISCHEREI HIRSCH *44*
*Herbert Traxler*
*Hauptplatz 20*
*A-3920 Groß Gerungs*
*Telefon 00 43 (0) 28 12 / 83 41*
*Telefax 00 43 (0) 28 12 / 83 41 50*
*info@hirsch-gerungs.at*
*www.hirsch-gerungs.at*

GASTHAUS GUTMANN ZUR SCHÖNEN AUSSICHT *94*
*Familie Gutmann*
*Heiligensteinstraße 32*
*A-3561 Zöbing*
*Telefon 00 43 (0) 27 34 / 23 34*
*hansi.ilse@aon.at*
*www.gasthaus-gutmann.com*

GASTHAUS JOSEF KLANG *70*
*Josef Klang*
*Marktplatz 6*
*A-3903 Echsenbach*
*Telefon 00 43 (0) 28 49 / 82 08*
*info@gasthof-klang.at*
*www.gasthof-klang.at*

GASTHAUS ZEINER *148*
*Petra Zeiner*
*A-2135 Neudorf 234*
*Telefon 00 43 (0) 25 23 / 83 17*
*fam.zeiner@mscnet.at*
*www.gasthaus-zeiner.at*

GASTHAUS ZUM GOLDENEN ENGEL *136*
*Petra Rammel*
*Lothringerplatz 11*
*A-2020 Hollabrunn*
*Telefon 00 43 (0) 29 52 / 21 61*
*Telefax 00 43 (0) 29 52 / 2 06 61*
*gasthausrammel@aon.at*
*www.zumgoldenenengel.at*

GASTHAUS ZUM SCHAUHUBER *168*
*Familie Taibl*
*Am Markt 1*
*A-2304 Orth an der Donau*
*Telefon 00 43 (0) 22 12 / 2 03 99*
*Telefax 00 43 (0) 22 12 / 2 03 99*
*office@zum-schauhuber.at*
*www.zum-schauhuber.at*

GASTHOF SCHEITERER *164*
*Herbert Scheiterer*
*Hauptstraße 37-39*
*A-2202 Enzersfeld*
*Telefon 00 43 (0) 22 62 / 67 33 29*
*Telefax 00 43 (0) 22 62 / 67 24 47*
*scheiterer@aon.at*
*www.scheiterer.at*

GASTHOF GAMERITH *84*
*Elisabeth Gamerith*
*Mottingeramt 41*
*A-3532 Rastenfeld*
*Telefon 00 43 (0) 28 26 / 4 40*
*Telefax 00 43 (0) 28 26 / 4 40 25*
*Mobil 00 43 (0) 6 64 / 894 40 78*
*buchen@landpension.at*
*www.landpension.at*

# ADRESSVERZEICHNIS

GASTHOF HINTERLECHNER  *46*
*Alexander Hinterlechner*
*Preinreichs 5*
*A-3920 Groß Gerungs*
*Telefon 00 43 (0) 28 12 / 81 10*
*Telefax 00 43 (0) 28 12 / 81 10*
*gasthaus@hinterlechner.at*
*www.hinterlechner.at*

GASTHOF LIST  *166*
*Michael List*
*Hauptstraße 10*
*A-2285 Leopoldsdorf im Marchfeld*
*Telefon 00 43 (0) 22 16 / 23 22*
*Telefax 00 43 (0) 22 16 / 23 22*
*buero@gasthoflist.at*
*www.gasthoflist.at*

GASTHOF PENSION ANGERHOF  *26*
*Michaela Buchinger*
*Forstamt 9*
*A-4392 Dorfstetten*
*Telefon 00 43 (0) 72 60 / 82 02*
*Telefax 00 43 (0) 72 60 / 8 20 28*
*buchinger@angerhof.at*
*www.angerhof.at*

GASTHOF PRANDL  *206*
*Johann Prandl*
*Hauptstraße 39*
*A-2493 Lichtenwörth*
*Telefon 00 43 (0) 26 22 / 7 52 21*
*prandl@a1.net*
*www.gasthof-prandl.com*

GASTHOF SCHINDLER  *86*
*Familie Otto Schindler*
*Brunn am Wald 30*
*A-3522 Lichtenau*
*Telefon 00 43 (0) 27 18 / 2 30*
*Telefax 00 43 (0) 27 18 / 2 78 70*
*office@gasthof-schindler.at*
*www.gasthof-schindler.at*

GASTHOF ZUM KIRCHENWIRT  *28*
*Maria Schiefer*
*A-3665 Bärnkopf 112*
*Telefon 00 43 (0) 28 74 / 82 03*
*Telefax 00 43 (0) 28 74 / 82 03 77*
*office@kirchenwirtbaernkopf.at*
*www.kirchenwirtbaernkopf.at*

GASTHOF ZUM WEISSEN RÖSSEL  *128*
*Anton Schneider*
*Josef-Wolfik-Straße 36*
*A-2000 Stockerau*
*Telefon 00 43 (0) 22 66 / 6 26 17*
*Mobil 00 43 (0) 699 / 11 22 33 05*
*weissesroessel@gmx.at*
*www.roesselwirt.net*

GASTWIRTSCHAFT NEUNLÄUF  *156*
*Roland Krammer*
*Wienerstraße 4*
*A-2193 Hobersdorf*
*Telefon 00 43 (0) 25 73 / 2 59 99*
*Telefax 00 43 (0) 25 73 / 2 59 00*
*neunlaeuf@aon.at*
*www.neunlaeuf.at*

GOLDENES BRÜNDL  *134*
*Gerhard Knobl*
*Waldstraße 125*
*A-2105 Oberrohrbach*
*Telefon 00 43 (0) 22 66 / 8 04 95*
*Telefax 00 43 (0) 22 66 / 8 16 98*
*gasthaus@goldenesbruendl.at*
*www.goldenesbruendl.at*

GRANDHOTEL PANHANS  *212*
*Martin Tröstl*
*Hochstraße 32*
*A-2680 Semmering*
*Telefon 00 43 (0) 26 64 / 81 81*
*Telefax 00 43 (0) 26 64 / 8 18 15 13*
*martin.troestl@panhans.at*
*www.panhans.at*

GUT OBERSTOCKSTALL  *124*
*Matthias Salomon*
*Oberstockstall 1*
*A-3470 Kirchberg/Wagram*
*Telefon 00 43 (0) 22 79 / 23 35*
*Telefax 00 43 (0) 22 79 / 2 33 56*
*restaurant@gutoberstockstall.at*
*www.gutoberstockstall.at*

## H

**HEURIGENRESTAURANT** *201*
Birgit Haslinger
Telefon 00 43 (0) 6 64 / 5 32 77 13
www.beuriger-im-johanneshof.at

**HOTEL ALTHOF** *140*
Althofgasse 14
A-2070 Retz
Telefon 00 43 (0) 29 42 / 3 71 10
Telefax 00 43 (0) 29 42 / 37 11 55
willkommen@althof.at
www.althof.at

**HOTEL-RESTAURANT** *130*
**DREI KÖNIGSHOF**
Thomas Hopfeld
Hauptstraße 29-31
A-2000 Stockerau
Telefon 00 43 (0) 22 66 / 6 27 88
Telefax 00 43 (0) 22 66 / 62 78 86
thopfeld@dreikoenigshof.at
www.dreikoenigshof.at

**HOTEL SCHWARZ ALM** *78*
Markus Hann
Almweg 1
A-3910 Zwettl
Telefon 00 43 (0) 28 22 / 5 31 73
Telefax 00 43 (0) 28 22 / 5 31 73 11
willkommen@schwarzalm.at
www.schwarzalm.at

## K

**KAFFEE KONDITOREI KAINZ** *56*
Mario Kainz
Schremser Straße 14
A-3860 Heidenreichstein
Telefon 00 43 (0) 28 62 / 5 21 55
Telefax 00 43 (0) 28 62 / 5 21 20
info@konditorei-kainz.at
www.konditorei-kainz.at

**KASSES BÄCKEREI** *60*
Erich Kasses
Hauptstraße 11
A-3842 Thaya
Telefon 00 43 (0) 28 42 / 5 26 57
Telefax 00 43 (0) 28 42 / 5 26 57 16
baeckerei@kasses.at
www.kasses.at

**KLANG KNÖDEL** *72*
Rainer Klang
Zwettler Straße 33
A-3804 Allentsteig
Telefon 00 43 (0) 28 24 /23 01
Telefax 00 43 (0) 28 24 / 2 30 14
office@klang-knoedel.at
www.klang-knoedel.at

**KLOSTERGASTHAUS** *194*
**THALLERN**
Familie Fritz
A-2352 Gumpoldskirchen
Telefon 00 43 (0) 22 36 / 5 33 26
Telefax 00 43 (0) 22 36 / 53 32 64
office@klostergasthaus-thallern.at
www.klostergasthaus-thallern.at

**KOTÁNYI** *160*
Mag. Erwin Kotányi
Johann-Galler-Straße 11
A-2120 Wolkersdorf
Telefon 00 43 (0) 22 45 / 53 00 10 00
Telefax 00 43 (0) 22 45 / 53 00 10 19
info@kotanyi.com
www.kotanyi.com

## L

**LANDGASTHAUS HAUDE** *52*
Astrid Haude
Albrechts 47
A-3961 Waldenstein
Telefon 00 43 (0) 28 55 / 2 13
lghh@a1.net
www.landgasthaushaude.at

## M

**MOHNWIRT NEUWIESINGER** *42*
Johann Neuwiesinger
Armschlag 9
A-3525 Sallingberg
Telefon 00 43 (0) 28 72 / 74 21
info@mohnwirt.at
www.mohnwirt.at

**MONIKA'S DORFWIRTSHAUS** *40*
Monika Reischer
Purk 10
A-3623 Kottes
Telefon 00 43 (0) 28 73 / 60 30
monika@dorfwirtshaus-purk.at

# ADRESSVERZEICHNIS

## N

**NØRDERD GMBH** — 64
*Elisabeth Ackerl*
*Hauptplatz 12*
*A-3830 Waidhofen*
*Telefon 00 43 (0) 28 42 / 2 01 90*
*Mobil 00 43 (0) 664 / 88 43 20 90*
*office@norderd.com*
*www.norderd.com*

## P

**PFARRHOFBRAUEREI** — 30
*Maria Pichler*
*A-3633 Schönbach 1*
*Telefon 00 43 (0) 6 64 / 6 56 37 12*
*schoenbacherpils@aon.at*
*www.schoenbacherpils.at*

## R

**RAMSWIRT PICHLER** — 210
*Familie Pichler*
*Rams 40*
*A-2640 Gloggnitz*
*Telefon 00 43 (0) 26 41 / 69 49*
*Telefax 00 43 (0) 26 41 / 6 94 94*
*office@ramswirt.at*
*www.ramswirt.at*

**RASTHOF STEFANIE** — 58
*Bernhard Berger*
*Edelwehrgasse 8*
*A-3860 Heidenreichstein*
*Telefon 00 43 (0) 28 62 / 52 11 20*
*Telefax 00 43 (0) 28 62 / 5 21 12 25*
*office@rasthof-stefanie.at*
*www.rasthof-stefanie.at*

**RESTAURANT DIESNER** — 154
*Gerald Diesner*
*Landesbahnstraße 2*
*A-2130 Mistelbach*
*Telefon 00 43 (0) 25 72 / 55 02*
*Mobil 00 43 (0) 6 64 / 4 41 46 99*
*e-m.diesner@aon.at*
*www.restaurant-diesner.com*

**RESTAURANT HEURIGER SCHALEK** — 198
*Familie Schalek*
*Mödlinger Straße 1*
*A-2352 Gumpoldskirchen*
*Mobil 00 43 (0) 6 64 / 1 68 88 58*
*office@schalek.at*
*www.schalek.at*

**RESTAURANT K 12** — 62
*Michael Stocker*
*Hauptstraße 8*
*A-3822 Karlstein*
*Telefon 00 43 (0) 28 44 / 2 10 36*
*reservierung@k-12.at*
*www.k-12.at*

## S

**SCHLOSS PÖGGSTALL** — 22
*Hauptplatz 1*
*A-3650 Pöggstall*
*Telefon 00 43 (0) 27 58 / 23 83*
*gemeinde@poeggstall.at*
*www.poeggstall.at*

**SCHLOSSKELLER MAILBERG** — 142
*Christoph Schüller*
*Mailberg 1*
*A-2024 Mailberg*
*Telefon 00 43 (0) 29 43 / 3 03 01 20*
*Telefax 00 43 (0) 29 43 / 3 03 01 10*
*schlosskeller.mailberg@gmail.com*
*www.schlosskeller-mailberg.at*

**SCHURLWIRT** — 162
*Mario und Herbert Müllebner*
*Hauptplatz 1*
*A-2211 Pillichsdorf*
*Telefon 00 43 (0) 22 45 / 32 45*
*muellebner@gmail.com*
*www.schurlwirt.at*

**SONNENTOR** — 80
*Johannes Gutmann & Karin Rauch*
*Sprögnitz 10*
*A-3910 Zwettl*
*Telefon 00 43 (0) 28 75 / 72 56*
*Telefax 00 43 (0) 28 75 / 72 57*
*office@sonnentor.at*
*www.sonnentor.com*

STADTHALLENRESTAURANT *54*
SCHREMS
*Daniel Fuchs*
*Dr.-Karl-Rennerstraße 1*
*A-3943 Schrems*
*Telefon 00 43 (0) 6 64 / 2 47 82 02*
*info@weinhandel-fuchs.at*
*www.weinhandel-fuchs.at*

STEINER'S ANNENHEIM *152*
CAFÉ-RESTAURANT
*Familie Steiner*
*Hauptplatz 6*
*A-2126 Ladendorf*
*Telefon 00 43 (0) 25 75 / 2 12 66*
*steiners-annenheim@aon.at*
*www.steiners-annenheim.at*

# U

URSIN HAUS VINOTHEK *90*
& TOURISMUSSERVICE
*Wolfgang Schwaz*
*Kamptalstraße 3*
*A-3550 Langenlois*
*Telefon 00 43 (0) 27 34 / 2 00 00*
*Telefax 00 43 (0) 27 34 / 20 00 15*
*info@ursinhaus.at*
*www.ursinhaus.at*

# W

WALDVIERTLER MOHNHOF *36*
*Andreas & Margarete Greßl*
*Haiden 11*
*A-3631 Ottenschlag*
*Telefon 00 43 (0) 28 72 / 7 44 90*
*Telefax 00 43 (0) 28 72 / 7 44 94*
*info@mohnhof.at*
*www.mohnhof.at*

WEINGUT G&M SCHAGL *202*
*Gerhard & Maria Schagl*
*Hauptstraße 18*
*A-2751 Hölles*
*Telefon 00 43 (0) 26 28 / 6 29 24*
*office@weingut-schagl.at*
*www.weingut-schagl.at*

WEINGUT JOHANNESHOF *200*
REINISCH
*Johannes Reinisch*
*Im Weingarten 1*
*A-2523 Tattendorf*
*Telefon 00 43 (0) 22 53 / 8 14 23*
*Telefax 00 43 (0) 22 53 / 8 19 24*
*office@j-r.at*
*www.j-r.at*

WIA Z'HAUS KERN *68*
*Eva-Maria Kern*
*Hauptstraße 83*
*A-3813 Dietmanns*
*Telefon 00 43 (0) 28 47 / 23 96*
*info@wiazhaus-kern.at*
*www.wiazhaus-kern.at*

WIA'Z HAUS KALKOFEN *24*
*Johannes & Maria Höllmüller*
*Loibersdorf 2*
*A-3650 Pöggstall*
*Telefon 00 43 (0) 6 64 / 2 77 43 45*
*Mobil 00 43 (0) 6 64 / 3 45 46 28*
*jo.hoellmueller@aon.at*
*www.wiazhausheuriger.at*

# Z

ZUM FIAKERWIRT *88*
*Jörg & Erwin Hartl*
*Holzplatz 7*
*A-3550 Langenlois*
*Telefon 00 43 (0) 27 34 / 21 50*
*Telefax 00 43 (0) 27 34 / 2 15 04*
*office@fiakerwirt.at*
*www.fiakerwirt.at*

# REZEPTVERZEICHNIS

## A

| | |
|---|---|
| APFELMOSTTASCHERL | *225* |
| AUSGELÖSTE BIOSCHWEINSRIPPERL MIT KNUSPRIGEN CALAMARI UND PETERSILWURZELCREME | *100* |

## B

| | |
|---|---|
| BANANENSCHNITTEN | *101* |
| BEEF TATAR | *108* |
| BEEF TATAR VOM SCHNEEBERGRIND | *224* |
| BRATHENDERL MIT SEMMELFÜLLE | *170* |

## C

| | |
|---|---|
| CORDON BLEU VOM LAMM | *224* |

## E

| | |
|---|---|
| ECHSI-PFANDL | *109* |
| EINGEBRANNTE ERDÄPFEL MIT SCHWEINSLUNGENBRATEN UND ESSIGKAPERN | *114* |
| ENZIANTORTE | *223* |

## F

| | |
|---|---|
| FILET VOM WEINVIERTLER STROHSCHWEIN MIT STEINPILZEN UND CREME-POLENTA | *173* |
| FLÜSSIGES GEWÜRZ-SCHOKOTÖRTCHEN | *225* |
| FORELLENFILETS MIT KOHLRABIRAGOUT | *174* |

## G

| | |
|---|---|
| GEDÜNSTETE KALBSVÖGERL MIT STEINPILZ-ERDÄPFELTALERN UND GEWÜRZ-MARILLEN | *177* |
| GEEISTE SCHÖNBACHER BIERGWÖLB SCHNITTE | *99* |
| GEFÜLLTE HÜHNERBRUST AUF EIERSCHWAMMERL-LAUCHGEMÜSE | *182* |
| GEFÜLLTE ROULADE VOM ERNSTBRUNNER JUNGWEIDERIND | *179* |
| GEFÜLLTES PERLHUHN MIT ARTISCHOCKEN-COCKTAILPARADEISER-GRÖSTL | *220* |
| GEGRILLTE TERIYAKIRIPPERL | *179* |
| GESCHMORTE SCHWEINSBACKERLN MIT MARCHFELDSPARGEL UND ERBSENPÜREE | *185* |

# REZEPTVERZEICHNIS

## H

| | |
|---|---|
| HAUSSULZ MIT ROTER ZWIEBEL UND KERNÖL | *221* |
| HERRENGULASCH | *171* |

## K

| | |
|---|---|
| KARPFEN AUF SERBISCHE ART | *184* |
| KARPFENFILETS MIT ZWIEBELN UND KNOBLAUCH | *103* |

## L

| | |
|---|---|
| LACHSFILET AUF KÜRBIS-PAPRIKAGEMÜSE MIT ROSMARINERDÄPFELN UND GEBRATENEN SPECKSCHEIBEN | *182* |

## M

| | |
|---|---|
| MALZBIER-SCHWEINERÜCKEN MIT ERDÄPFELKNÖDEL UND BIERKRAUT | *105* |
| MIT GRÜNEM SPARGEL GEFÜLLTE HÜHNERBRUST IM SPECKMANTEL UND KRÄUTER-RAHM-SPÄTZLE | *104* |
| MOHNHEIDELBEERSTRUDEL | *107* |
| MOHN-HIMBEER-SCHNITTE | *221* |
| MOHNKNÖDEL MIT HOLLERKOCH | *103* |
| MOHNSCHMARREN | *114* |

## N

| | |
|---|---|
| NØRDERD BASILTINI | *108* |

## P

| | |
|---|---|
| PÖGGSTALLER HIMBEER-MOHNTORTE | *96* |

## R

| | |
|---|---|
| REHFILET MIT HONIGKRUSTE, THYMIANSAFTERL UND ROTKRAUTSTRUDEL | *98* |
| REHRÜCKEN MIT MANGOLD, TIROLER PREISELBEEREN UND GRIESSROULADEN | *178* |
| REHRÜCKEN VOM MAIBOCK MIT MOHNHAUBE, KNÖDELROULADE, SPECKFISOLEN UND ZWIEBELMARMELADE | *113* |
| REHRÜCKENFILET AUF HAUSGEMACHTEM ROTKRAUT UND SERVIETTENKNÖDEL | *180* |
| RINDSBRATEN | *102* |
| ROGGENVOLLKORNBROT | *106* |
| ROSA GEBRATENES SCHWEINSFILET IM SPECKHEMD AUF EIERSCHWAMMERL À LA CREME MIT KRÄUTERTALERN | *170* |
| ROSA REHRÜCKEN MIT PETERSILWURZELPÜREE, EIERSCHWAMMERL UND MARILLEN | *172* |

*236* KULINARISCHE ENTDECKUNGEN

## S

| | |
|---|---|
| SAFTIGER MOHNGUGLHUPF | *110* |
| SALZBURGER NOCKERLN | *220* |
| SAUERRAHMRÖLLCHEN MIT MARINIERTEM GURKENTATAR UND KALT GERÄUCHERTEM SAIBLINGSFILET | *222* |
| SCHWEINEFILET AN GERÖSTETEN EIERSCHWAMMERLN UND KARTOFFELTÖRTCHEN | *181* |
| SCHWEINSFILETSPIESS | *183* |
| SCHWEINSKARREESTEAK VOM DONAULANDSCHWEIN MIT ERDÄPFEL-GEMÜSEGRÖSTL UND HAUSGEMACHTER PAPRIKAMARMELADE | *115* |
| SELCHFLEISCHKNÖDEL AUF PFEFFERSAUCE | *110* |
| SPARGELRÖLLCHEN MIT PETERSILKARTOFFELN | *184* |

## T

| | |
|---|---|
| TAFELSPITZ MIT BEILAGEN | *107* |
| TOPFENNOCKERL | *171* |
| TRADITIONELLES BLUNZ'NGRÖSTL | *97* |

## W

| | |
|---|---|
| WALDVIERTLER KALBSFILET IM WIESENHEU MIT ERDÄPFEL-BÄRLAUCHSTRUDEL | *111* |
| WALDVIERTLER KARPFEN IN MOHNPANIER | *97* |
| WALDVIERTLER MOHNNUDELN MIT MARILLENEIS | *106* |
| WALDVIERTLER MOHNZELTEN | *102* |
| WALDVIERTLER REINDL | *112* |
| WEINVIERTLER GRAMMELERDÄPFELROULADE AUF PAPRIKA-CHILIKRAUT | *176* |
| WIENER ZWIEBELROSTBRATEN MIT BRATKARTOFFELN | *109* |
| WILDSCHWEINSTEAK MIT STEINPILZSAUCE | *112* |

# Besondere Adressen für Sie entdeckt

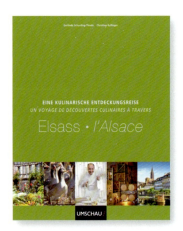

**Elsass – Alsace**
272 Seiten, Hardcover
978-3-86528-557-7

**Franken**
200 Seiten, Hardcover
978-3-86528-553-9

**Mecklenburg-Vorpommern**
368 Seiten, Hardcover
978-3-86528-460-0

**Stuttgart**
160 Seiten, Hardcover
978-3-86528-559-1

**Salzkammergut**
200 Seiten, Hardcover
978-3-86528-550-8

**Zürich**
160 Seiten, Hardcover
978-3-86528-544-7

**Hamburg**
160 Seiten, Hardcover
978-3-86528-455-6

**München und Tegernseer Tal**
224 Seiten, Hardcover
978-3-86528-551-5

**Bestes Handwerk vom Schwarzwald bis zum Neckar**
144 Seiten, Hardcover
978-3-86528-519-5

**Bestes Handwerk Wien**
160 Seiten, Hardcover
978-3-86528-468-6

**Raum & Design München**
200 Seiten, Hardcover
978-3-86528-546-1

**Faszination Welterbe Deutschlands Norden**
256 Seiten, Hardcover
978-3-86528-545-4

# Weitere Empfehlungen für Sie

**La mia cucina**
Sante de Santis
192 Seiten, Hardcover
978-3-86528-710-6

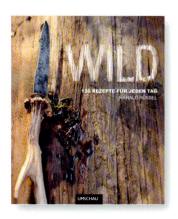

**Wild**
Harald Rüssel
208 Seiten, Hardcover
978-3-86528-734-2

**Die Champagner Macher**
320 Seiten
Hardcover mit Schutzumschlag
978-3-86528-716-8

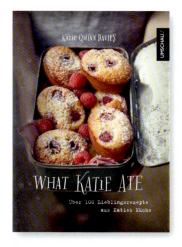

**What Katie Ate**
304 Seiten, Hardcover
978-3-86528-683-3

**Sweet Vegan**
144 Seiten, Softcover
978-3-86528-761-8

**Schlau gärtnern**
Auf der Fensterbank, dem Balkon und im Garten
256 Seiten, Hardcover
978-3-86528-733-5

Die genussvollen Seiten des Lebens

Für weitere Informationen über unsere Reihen
wenden Sie sich direkt an den Verlag:

Neuer Umschau Buchverlag
Moltkestraße 14
D-67433 Neustadt/Weinstraße

☎ + 49 (0) 63 21 / 8 77-852
📠 + 49 (0) 63 21 / 8 77-859
@ info@umschau-buchverlag.de

Besuchen Sie uns
auch im Internet:
www.umschau-buchverlag.de

# IMPRESSUM

© 2013 NEUER UMSCHAU BUCHVERLAG GMBH
Neustadt an der Weinstraße

Alle Rechte der Verbreitung in deutscher Sprache, auch durch Film, Funk, Fernsehen, fotomechanische Wiedergabe, Tonträger jeder Art, auszugsweisen Nachdruck oder Einspeicherung und Rückgewinnung in Datenverarbeitungsanlagen aller Art, sind vorbehalten.

**RECHERCHE**
Gottfried Hirtenlehner, Gmunden

**TEXTE**
Lily Grynstock, Wien
www.literelle.com

Lily Grynstock (Dr. Ulrike Rainer) studierte Theaterwissenschaft und Kunstgeschichte in Wien, wo sie als freischaffende Autorin lebt. Ihr Spezialgebiet sind Biografien insbesondere Firmen-, Stadt-, Institutionen- und Familienbücher.

**FOTOS**
Petra Schmidt, Wien
www.diefotografin.at

Petra Schmidt ist seit 1991 als freie Fotografin in Wien tätig. Ihr Spezialgebiet ist die Werbefotografie, im Besonderen im Bereich der Lebensmittelfotografie für Werbung, Magazine und Kochbücher.

**LEKTORAT, GESTALTUNG, PRODUKTION UND LITHOGRAFIE**
Kaisers Ideenreich, Neustadt an der Weinstraße
www.kaisers-ideenreich.de

**KORREKTORAT**
Andreas Lenz, Heidelberg
www.lektorat-lenz.de

**KARTE**
Thorsten Trantow, Herbolzheim
www.trantow-atelier.de

**DRUCK UND VERARBEITUNG**
NINO Druck GmbH, Neustadt an der Weinstraße
www.ninodruck.de

Printed in Germany
ISBN: 978-3-86528-482-2

Besuchen Sie uns im Internet:
www.umschau-buchverlag.de

Lily Grynstock und Petra Schmidt

Die Ratschläge, Empfehlungen und Rezepte in diesem Buch wurden von den Autoren und dem Verlag sorgfältig erwogen und geprüft, dennoch kann eine Garantie nicht übernommen werden. Eine Haftung der Autoren und des Verlages für Personen-, Sach- und Vermögensschäden ist ausgeschlossen.

Wir bedanken uns für die freundlicherweise zur Verfügung gestellten Fotos bei:
Seite 22, Schloss Pöggstall
Seite 85, Mitte rechts, Gasthof Gamerith
Seite 125 Mitte, Gut Oberstockstall
Seite 125 unten, Gut Oberstockstall